Trilsch, Escher · Erben und Vererben

W0105256

Bibliografische Information Der Deutschen Bibliothek

Die Deutsche Bibliothek verzeichnet diese Publikation in der Deutschen Nationalbibliografie; detaillierte bibliografische Daten sind im Internet über http://dnb.ddb.de abrufbar.

ISBN 978-3-448-08593-8                                    Bestell-Nr. 07214-0003

© 2009, Rudolf Haufe Verlag, Freiburg i. Br.
Redaktionsanschrift: Postfach 13 63, 82142 Planegg/München
Hausanschrift: Fraunhoferstraße 5, 82152 Planegg/München
Telefon (089) 8 95 17-0
Telefax (089) 8 95 17-2 50
Internet: www.haufe.de
E-Mail: online@haufe.de
Produktmanagement: Bettina Noé

Umschlaggestaltung: Kienle gestaltet, Stuttgart
Redaktion und DTP: Ulrich Leinz, Berlin
Druck: Schätzl Druck, 86609 Donauwörth

Constanze Trilsch
Escher

# Erben und Vererben

# Inhalt

# Vorwort

Liebe Leserinnen, liebe Leser,

es liegt uns besonders am Herzen, in unserer Sendung „Escher – Der MDR-Ratgeber" Themen zu behandeln, die uns alle beschäftigen und die für unser Leben und unsere Zukunft Bedeutung erringen können.

Und so haben wir die aktuellen gesetzlichen Änderungen beim Erbrecht und bei der Erbschaftssteuer zum Anlass genommen, die 2. Auflage dieses Buches gründlich zu überarbeiten und auf den aktuellen Stand zu bringen. Denn es hat sich viel geändert: So ist am 1.1.2009 die neue Erbschafts- und Schenkungssteuer in Kraft getreten, die sich auf die Übertragung von Vermögen auf Ehegatten und Kinder auswirkt. Und auch beim Pflichtteil gibt es einige Neuerungen.

Wir wollen nun auch mit diesem Begleitbuch zur MDR-Sendung „Escher – Der MDR-Ratgeber" wieder manch offene Frage beantworten, die in 45 Minuten Sendezeit nicht behandelt werden kann. Gerade beim Thema Erben haben Sie, liebe Zuschauer, die Möglichkeit, selbst zu gestalten: Wie regeln Sie die Erbfolge und wo sind die Grenzen? Wie muss ein rechtskräftiges Testament überhaupt aussehen? Was will der Fiskus von Ihrer Erbschaft und können Sie durch Schenkungen Erbschaftssteuer sparen?

Es gab noch einen Grund, uns für dieses Thema zu entscheiden: Es lagen uns viele Fragen und Anregungen von Ihnen vor, die wir in diesem Buch verarbeiten konnten. Für Ihre aktive Mithilfe möchten wir uns an dieser Stelle ganz herzlich bei Ihnen bedanken! Außerdem gab es in den letzten Monaten viele gesetzliche Änderungen und Neuerungen, die wir auf alle Fälle berücksichtigen wollten.

Die Autorin Frau Dr. Constanze Trilsch weiß als Rechtsanwältin und Erbrechtsexpertin aus jahrelanger Erfahrung, wo am häufigsten Probleme entstehen. In meinen Augen hat sie es wunderbar verstanden, die oft trockene juristische Materie in ein spannendes und vor allem verständliches

Buch zu verwandeln. Überzeugen Sie sich selbst – ich freue mich auf Ihre Rückmeldungen!

Ihr MDR-Moderator

*Peter Escher*

## Vorbemerkung

Alle Namen der Zuschauer, deren Fragen in diesem Buch zitiert werden, wurden geändert. Jede Ähnlichkeit mit lebenden Personen wäre rein zufällig.

# Die gesetzliche Erbfolge

Wenn Sie kein Testament hinterlassen bzw. keinen Erbvertrag abgeschlossen haben, so tritt nach Ihrem Tod automatisch die gesetzliche Erbfolge ein. Sie ist im Bürgerlichen Gesetzbuch geregelt und richtet sich nach dem Verwandtschaftsgrad zwischen Ihnen und Ihren Erben.

## Erbrecht der Verwandten

Die Erben sind jeweils in Ordnungen eingeteilt. Lebt ein Verwandter einer näheren Ordnung, schließt er in der Erbfolge die Verwandten einer entfernteren Ordnung aus. Lassen Sie uns dies im Folgenden näher erläutern.

### Zuschauerfrage an die Redaktion „Escher - Der MDR-Ratgeber"

Frau Kerstings aus Pankow:
**„Ich bin nicht verheiratet und lebe mit meinem Kind im Haushalt meiner Eltern. Wenn ich versterbe, erben dann meine Eltern oder bekommt alles mein Kind?"**

Das Kind ist Erbe erster Ordnung. Die Eltern wären Erben der zweiten Ordnung und werden daher, weil es einen Erben erster Ordnung gibt, vom Erbe ausgeschlossen. Damit erbt das Kind allein.

In der gesetzlichen Erbfolge werden folgende Ordnungen unterschieden, wobei Erben höherer Ordnung immer erst zum Zug kommen, wenn es keine Erben einer niedrigeren Ordnung gibt.

### Erben erster Ordnung

Erben erster Ordnung sind Kinder, Enkel und Urenkel, auch adoptierte Kinder gehören dazu. Nicht ehelich geborene Kinder sind grundsätzlich ebenfalls voll erbberechtigt. Nach dem Erbrechtsgleichstellungsgesetz gibt es aber Ausnahmen für nicht ehelich geborene Kinder, die vor dem

01.07.1949 geboren wurden und deren Vater am 02.10.1990 seinen Wohnsitz im Westteil von Deutschland hatte.

 **ERBEN ERSTER ORDNUNG**

Herr Mentz hat ein außereheliches Kind, Paul, und zwei Kinder, Christa und Jakob, aus seiner geschiedenen Ehe. Alle drei Kinder erben zu gleichen Teilen jeweils ein Drittel, wenn der Vater stirbt.

## Erben zweiter Ordnung

Nur wenn es keine Erben erster Ordnung gibt, kommen die Erben zweiter Ordnung zum Zuge. Leben beide Eltern, beerben sie den Erblasser allein. Ist ein Elternteil bereits verstorben, können die Geschwister des Erblassers oder, wenn diese ebenfalls verstorben sind, Neffen und Nichten des Erblassers erbberechtigt sein.

 **ERBEN ZWEITER ORDNUNG**

Frau Schulz ist ledig und hat keine Kinder. Ihr Vater ist bereits verstorben, ihre Mutter lebt noch. Außerdem hat Frau Schulz einen Bruder. Verstirbt sie, so erben ihr Bruder und ihre Mutter jeweils zur Hälfte.

## Erben dritter Ordnung

Diese Verwandten erben nur, wenn es keine Erben erster oder zweiter Ordnung gibt. Sind die Großeltern am Leben, erben diese. Sind die Großeltern bereits verstorben, kommen als erbberechtigte Personen Onkel und Tanten des Erblassers bzw. wiederum deren Kinder in Frage.

Bei Erben dritter Ordnung kann eine recht umfangreiche Erbengemeinschaft entstehen, an der viele Personen beteiligt sind.

**ERBEN DRITTER ORDNUNG**

Frau Kastinger ist ledig und hat weder Kinder noch Geschwister. Ihre Eltern und Großeltern sind bereits verstorben. Allerdings leben noch ein Onkel väterlicherseits sowie ein Onkel und eine Tante mütterlicherseits. Stirbt Frau Kastinger, so geht ihr Vermögen zur Hälfte an die väterliche und zur Hälfte an die mütterliche Seite. Das bedeutet, dass der Onkel väterlicherseits die Hälfte und Onkel und Tante mütterlicherseits jeweils ein Viertel des Gesamterbes erhalten.

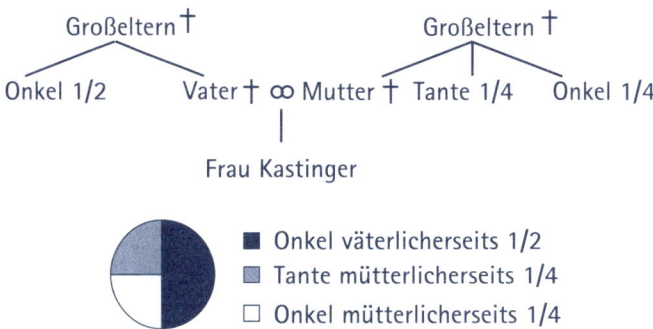

## Erben höherer Ordnung

Ab der vierten Ordnung (§ 1928 BGB) wird nicht mehr nach Stämmen (also nach Kindern und Kindeskindern des Verstorbenen) geerbt, sondern nach Gradesnähe. Derjenige, der mit dem Erblasser am nächsten (also durch die geringste Zahl von Geburten) verwandt ist, wird Erbe.

In der Praxis ist eine Erbfolge nach der vierten oder noch höherer Ordnung die absolute Ausnahme, weil derartig weitläufige Verwandtschaft kaum noch mit Urkunden nachzuweisen ist. Außerdem sind in den seltensten Fällen weder Erben erster, zweiter noch dritter Ordnung vorhanden.

### Zuschauerfrage an die Redaktion „Escher – Der MDR-Ratgeber"

Herr Meyer aus Dresden:

„Als mein Vater vor kurzem starb, stellte ich fest, dass Vater nicht, wie er immer gesagt hat, für sein Grundstück im Grundbuch steht. Dort ist noch unser Großvater eingetragen, der bereits vor vielen Jahren verstorben ist. Unser Großvater hat kein Testament hinterlassen. Außer unserem Vater gab es noch drei weitere Kinder des Großvaters. Wie bereinige ich jetzt das Grundbuch, damit ich als Erbe meines Vaters eingetragen werden kann?"

Zunächst muss geklärt werden, wer den Großvater beerbt hat. Nach dem Großvater ist die gesetzliche Erbfolge eingetreten. Ihr Vater hat also nicht allein geerbt, sondern mit seinen drei Geschwistern jeweils ein Viertel Erbanteil. Für den Fall, dass eines der anderen drei Kinder zum Todeszeitpunkt des Großvaters nicht mehr am Leben war, rücken dessen Kinder in der Erbfolge nach und müssen sich dessen Viertelanteil untereinander teilen. Dazu müssen sie einen Erbscheinsantrag nach Ihrem Großvater stellen und sich dann mit den übrigen Miterben hinsichtlich des Grundstücks auseinander setzen, d. h. sich darüber einigen, wie jeder Erbe zu seinem Anteil kommt.

Innerhalb einer Ordnung gilt für jeden Stamm (also jedes Kind und dessen Kinder) das Repräsentationsprinzip. Das bedeutet, dass zum Beispiel diejenigen Kinder oder Enkel erben, die am nächsten mit dem Erblasser verwandt sind. Innerhalb der Erben erster Ordnung kann eine solche Gruppe aus mehreren Kindern, Enkeln und Urenkeln bestehen. Zunächst sind die Kinder des Erblassers erbberechtigt, weil sie mit ihm am nächsten verwandt sind. Erst wenn eines dieser Kinder verstorben ist, rücken dessen Kinder, also die Enkel, in der Erbfolge nach.

**Zuschauerfrage an die Redaktion „Escher - Der MDR-Ratgeber"**

> Frau Jansen aus Oschatz:
> „Ich bin Witwe und habe drei Kinder, die mich eigentlich zu jeweils einem Drittel beerben sollten. Im letzten Jahr ist tragischerweise mein Sohn verunglückt. Er hinterlässt zwei Kinder. Wer erbt, wenn ich versterbe?"

Die beiden lebenden Kinder erhalten jeweils ihren Drittel-Erbanteil. Da Ihr verstorbener Sohn seinen Erbanteil nicht mehr erhalten kann, rücken seine beiden Kinder nach und teilen sich diesen Erbanteil, sodass jedes Ihrer beiden Enkelkinder ein Sechstel erhält.

# Gesetzliches Erbrecht des Ehegatten

Für das Erbrecht des Ehegatten gelten besondere Regeln (§ 1931 BGB). Er fällt nicht unter die vier Ordnungen, da er nicht als Verwandter zählt.

Wie viel der Ehegatte erbt, hängt zum einen davon ab,

- neben welchen Verwandten er erbt, und zum anderen

- vom Güterstand der Eheleute.

Jeder, der einfach nur heiratet und keinen notariellen Ehevertrag zur Regelung seiner Vermögensverhältnisse abschließt, lebt im gesetzlichen Güterstand der Zugewinngemeinschaft. Das bedeutet, dass das Vermögen der Ehegatten grundsätzlich getrennt bleibt. Das betrifft das Vermögen, das jeder mit in die Ehe bringt, aber auch das Vermögen, das in der Ehe erworben wird. Diese grundsätzliche Trennung schließt aber nicht aus, dass die Ehegatten aus anderen Rechtsgründen beispielsweise Miteigentümer eines Hauses werden können. Jeder Ehegatte kann sein Vermögen allein verwalten und haftet nicht für die Schulden des anderen.

Im Laufe der Ehe kann jeder Ehegatte zu dem Vermögen, das er vor der Eheschließung hatte, zusätzlich etwas erwirtschaften, den sogenannten

Zugewinn. Dieser kann bei den Ehepartnern unterschiedlich hoch ausfallen. Hat beispielsweise der Ehemann während der Ehe viel auf seinem Konto gespart, die Ehefrau jedoch nur einen geringen Betrag erwirtschaftet, hat der Ehemann einen höheren Zugewinn erzielt als seine Frau. Im Falle der Scheidung müsste der Ehemann von dieser Differenz im Zugewinn der Eheleute die Hälfte als sogenannten Zugewinnausgleich an die Ehefrau zahlen. Damit wären rechnerisch beide Ehegatten gleichgestellt.

Wie wirkt sich die Zugewinngemeinschaft im Erbrecht aus? Bei der Zugewinngemeinschaft erbt der überlebende Ehegatte neben den Kindern den halben Anteil. Dieser halbe Anteil setzt sich zusammen aus einem Viertel Anteil gemäß § 1931 BGB und einem weiteren Viertel Anteil gemäß § 1371 BGB als pauschaler erbrechtlicher Zugewinnausgleich. Dieses weitere Viertel ist sozusagen die erbrechtliche Belohnung dafür, dass man die Zugewinngemeinschaft nicht durch Ehevertrag ausgeschlossen hat.

Die andere Hälfte der Erbschaft geht an das oder die Kinder. Sind keine Kinder oder sonstige Abkömmlinge wie Enkel oder Urenkel vorhanden, erbt der Ehegatte neben den Erben der zweiten Ordnung (also beispielsweise Eltern) Dreiviertel, das restliche Viertel geht an diese Verwandten. Der überlebende Ehegatte wird lediglich dann Alleinerbe, wenn weder ein Erbe erster oder zweiter Ordnung vorhanden ist und auch die Großeltern des Erblassers nicht mehr am Leben sind.

 **ZUGEWINNGEMEINSCHAFT**

Das Ehepaar Zimmermann lebt in Zugewinngemeinschaft und hat drei Kinder. Als Herr Zimmermann verstirbt, hinterlässt er ein Vermögen von 90.000 Euro. Frau Zimmermann erbt davon die Hälfte, also 45.000 Euro, und die Kinder jeweils ein Sechstel, also jeweils 15.000 Euro.

Je mehr Kinder vorhanden sind, desto kleiner wird der Erbteil für die Kinder. Der hälftige Erbanteil für den Ehegatten bleibt davon unberührt.

## Zuschauerfrage an die Redaktion „Escher – Der MDR-Ratgeber"

Herr Frank aus Kleinmachnow:

„Meine Frau und ich haben uns vor fünf Jahren gemeinsam ein Haus gekauft, das wir noch etliche Jahre abbezahlen müssen. Nennenswertes Geld- oder Sachvermögen besitzen wir nicht. Unsere beiden Kinder sind 15 und 17 Jahre alt. Ein Testament haben wir nicht abgeschlossen. Was passiert, wenn einer von uns beiden stirbt? Geht das Hauseigentum dann ganz an den anderen Ehepartner über? Und was ist, wenn dieser dann aus seinem Einkommen die Hausschulden nicht mehr bezahlen kann?"

Wenn Sie kein Testament verfasst haben, tritt die gesetzliche Erbfolge ein. Verstirbt einer von Ihnen, erbt der überlebende Ehegatte zur Hälfte und die beiden Kinder erben jeweils ein Viertel. Da Ihnen und Ihrer Frau das Haus jeweils zur Hälfte gehört, befindet sich im Nachlass des Verstorbenen ein halbes Haus. Die andere Hälfte des Hauses gehört dem Überlebenden und steht damit für das Erbe nicht zur Debatte. Wenn der Überlebende zur Hälfte erbt, bedeutet das, dass er die Hälfte des Miteigentums des Verstorbenen erbt. Damit gehören dem Überlebenden im Endeffekt Dreiviertel vom Haus. Die Kinder erben mit ihrer Erbquote von je einem Viertel jeweils ein Achtel vom Haus. Der überlebende Ehegatte erhält also nicht automatisch das Haus.

Die Kinder haben als Miterben Anspruch auf Eintragung in das Grundbuch. Sind die Kinder später volljährig, könnten sie vom Überlebenden die Auszahlung ihres Erbteils verlangen. Im Streitfall könnten die Kinder sogar die Versteigerung des Hauses erreichen. Deshalb sollten Sie unbedingt über ein Ehegattentestament nachdenken. Damit können Sie sich gegenseitig zum Alleinerben einsetzen. Dann gehört dem Überlebenden das Haus allein.

Hat der Überlebende Probleme, mit seinem Einkommen die Kreditraten für das Haus zu zahlen, kann er versuchen, mit der Bank über eine Streckung des Kredits zu verhandeln. Dabei würden sich die Raten verringern, aber die Laufzeit des Kredits würde länger. Sie sollten über eine Risikolebensversicherung nachdenken. Damit könnten Sie relativ preiswert ein derartiges Geldproblem überbrücken.

Mit einem Notarvertrag können Sie vom gesetzlichen Güterstand der Zugewinngemeinschaft abweichen. Die können sie entweder abwandeln, Gütertrennung oder Gütergemeinschaft vereinbaren. Die meisten Erblasser sind entweder im gesetzlichen Güterstand verheiratet oder haben den gesetzlichen Güterstand lediglich modifiziert, was sich erbrechtlich nicht auswirkt. Mit einer solchen modifizierten Zugewinngemeinschaft bleibt beispielsweise der Zugewinnausgleich grundsätzlich erhalten, wird aber für einen konkreten Gegenstand (etwa den vom Vater übernommenen Handwerksbetrieb) ausdrücklich ausgeschlossen.

Gütertrennung und Gütergemeinschaft dagegen verändern das Erbrecht für den Ehegatten und sind nur in wenigen Fällen sinnvoll. Beispielsweise könnte die Überschuldung eines Ehegatten derzeit noch ein Grund für die Vereinbarung der Gütertrennung sein, da dann bei einer Scheidung nur der Zugewinn des anderen Partners geteilt würde. Bald tritt jedoch eine Reform des Zugewinnausgleichs in Kraft, wonach künftig Schulden eines Ehegatten im Zugewinnausgleich berücksichtigt werden. Dann wird die Vereinbarung einer Gütertrennung wegen Überschuldung nicht mehr nötig sein.

Bei Gütertrennung erben der überlebende Ehegatte und die Kinder jeweils zu gleichen Teilen. Ist nur ein Kind vorhanden, erben Ehegatten und Kind jeweils zur Hälfte. Sind zwei Kinder vorhanden, erben der Ehegatte und die beiden Kinder jeweils ein Drittel. Das bedeutet für den Ehegatten Schlechterstellung gegenüber der Zugewinngemeinschaft. Ab dem zweiten Kind sinkt die Erbquote für den überlebenden Ehegatten.

Die Untergrenze für den Ehegattenerbteil beträgt bei Gütertrennung ein Viertel. So viel muss dem überlebenden Ehegatten mindestens bleiben, auch wenn mehr als drei Kinder vorhanden sind.

 **UNTERGRENZE BEI GÜTERTRENNUNG**

Bei beispielsweise fünf Kindern und Gütertrennung erbt der Ehegatte ein Viertel. Der den fünf Kindern verbleibende Anteil beträgt insgesamt drei Viertel, geteilt durch fünf Kinder ergibt das 3/20 Erbanteil.

Da die Erbquoten von Ehegatten mit Kindern bzw. sonstigen Verwandten bei den einzelnen Güterständen recht verwirrend sein können, soll die nachfolgende Übersicht Ordnung in dieses System bringen und den Überblick erleichtern. Beachten Sie dabei, dass der Nachlass und die zu verteilende Erbmasse nicht gleichzusetzen sind mit dem gesamten Vermögen der Familie. Besitzen beispielsweise die Eheleute gemeinsam je zur Hälfte ein Haus, so fällt nur das halbe Haus in den Nachlass, wenn ein Ehepartner stirbt, da die andere Hälfte ja dem überlebenden Ehepartner gehört.

## Übersicht Erbfolge nach Güterständen

### Fall 1: Verstorbener war verheiratet, zwei Kinder

a) Zugewinngemeinschaft          b) Gütertrennung

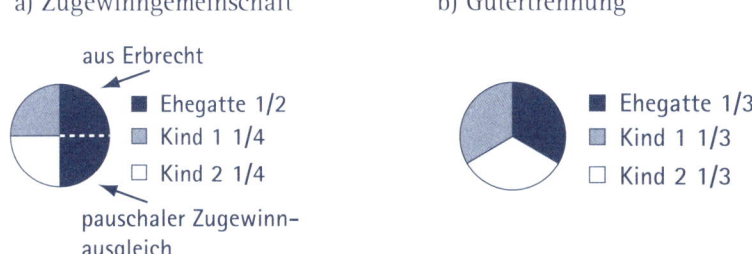

### Fall 2: Verstorbener war verheiratet, drei Kinder, Zugewinngemeinschaft

■ Ehegatte 1/2
■ Kind 1 1/6
■ Kind 2 1/6
□ Kind 3 1/6

### Fall 3: Verstorbener war verheiratet, keine Kinder

a) Zugewinngemeinschaft          b) Gütertrennung

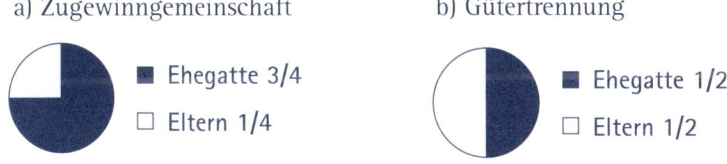

## Ehegattenerbteil gegenüber Abkömmlingen je nach Güterstand

 **VERGLEICH**

| Güterstand | Ehegatte Erbteil | 1 Kind Erbteil | 2 Kinder jeweils |
|---|---|---|---|
| Zugewinnge-meinschaft | 1/2 | 1/2 | – |
| | 1/2 | – | 1/4 |
| Gütertrennung | 1/2 | 1/2 | – |
| | 1/3 | – | 1/3 |
| Gütergemein-schaft | 1/4 | 3/4 | – |
| | 1/4 (dazu die Hälfte des Gesamtgutes) | – | 3/8 |

Je nachdem, neben welchen Verwandten der Ehegatte erbt, ob also neben Kindern, Eltern oder sonstigen Verwandten, und welchen Güterstand die Eheleute gewählt haben, ist auch wiederum der Erbteil des Ehegatte unterschiedlich. Die nachfolgende Tabelle wird hier Klarheit schaffen.

## Ehegattenerbteil gegenüber anderen Verwandten je nach Güterstand

 **VERGLEICH**

| Güterstand | Ehegatte Erbteil | Eltern und deren Abkömmlinge Erbteile zusammen |
|---|---|---|
| Zugewinn-gemeinschaft | 3/4 | 1/4 |
| Gütertrennung | 1/2 | 1/2 |
| Gütergemeinschaft | 1/2 (dazu die Hälfte des Gesamtgutes) | 1/2 |

## Zuschauerfrage an die Redaktion „Escher – Der MDR-Ratgeber"

Herr Lessing aus Berlin:

„Meine Frau und ich sind verheiratet und haben keine Kinder. Bisher dachten wir immer, wenn einer von uns stirbt, ist der andere Alleinerbe. Unsere Eltern leben jeweils nicht mehr, aber wir beide haben mehrere Geschwister. Jetzt haben wir aber in einem Zeitungsartikel gelesen, dass der andere Partner nicht allein erbt, und sind verunsichert. Wie ist die Erbfolge?"

Wenn einer von Ihnen beiden stirbt, erbt der überlebende Ehegatte tatsächlich nur Dreiviertel. Das restliche Viertel geht dann jeweils an die Geschwister des Verstorbenen. Wenn Ihnen die gesetzliche Erbfolge nicht zusagt, sollten Sie über ein gemeinsames Testament nachdenken.

## Zuschauerfrage an die Redaktion „Escher – Der MDR-Ratgeber"

Frau Böhme aus Halle:

„Mein Mann hat aus seiner ersten geschiedenen Ehe ein Kind. In unserer Ehe haben wir gemeinsam zwei Kinder. Wie hoch ist der Erbanteil für das erste Kind meines Mannes, wenn er verstirbt?"

Der Erbanteil für dieses Kind hängt davon ab, ob Ihr Ehemann als erster oder zweiter der Eheleute verstirbt. Verstirbt er als erster, erbt die Witwe die Hälfte und seine insgesamt drei Kinder (ein Kind aus der ersten Ehe und zwei Kinder in der zweiten Ehe) jeweils ein Sechstel. Verstirbt er dagegen als zweiter nach seiner Frau, erben alle drei Kinder jeweils ein Drittel.

## Zuschauerfrage an die Redaktion „Escher – Der MDR-Ratgeber"

Frau Bartsch aus Neustrelitz:

„Vor vier Jahren ist mein Vater gestorben und vor einem halben Jahr meine Mutter. Ich bin das einzige Kind meiner Eltern. Die Eltern haben kein Testament hinterlassen. Erst nach dem Tod meiner Mutter habe ich erfahren, dass sie gar nicht meine leibliche Mutter ist, sondern nach dem Tod meiner leiblichen Mutter meinen Vater geheiratet hat. Zum damaligen Zeitpunkt war ich 1 1/2 Jahre alt. meine Eltern hatten mir nie gesagt, dass meine Mutter eigentlich meine Stiefmutter ist. Erbe ich jetzt trotzdem?"

Da sich leider im Nachhinein herausgestellt hat, dass es sich um Ihre Stiefmutter handelt, mit der Sie nicht blutsverwandt sind, sind Sie nach ihr nicht erbberechtigt. Da Ihre Stiefmutter keine Kinder hatte und deren Eltern vermutlich schon gestorben sind, sind deren Geschwister bzw. Neffen und Nichten erbberechtigt. Sie gehen hier leider leer aus. Das hätte Ihre Stiefmutter leicht mit einem Testament verhindern können, wenn sie sich informiert hätte.

Da Ihr Vater ebenfalls kein Testament verfasst hat, können Sie aber Ihr gesetzliches Erbe nach Ihrem Vater fordern. Sie und Ihre Stiefmutter haben ihn zu je die Hälfte beerbt.

### Zuschauerfrage an die Redaktion „Escher - Der MDR-Ratgeber"

Frau Marck aus Schkeuditz:
„Mein Ex-Mann und ich sind seit einem halben Jahr geschieden. Wir haben eine gemeinsame Tochter, die bei mir lebt und ihren Vater jedes zweite Wochenende besucht. Mein Ex-Mann verdient recht gut. Was geschieht, wenn er stirbt? Wer erbt dann, falls er nicht noch einmal heiratet und keine weiteren Kinder bekommt?"

Verstirbt Ihr Ex-Mann, erbt Ihre Tochter als sein einziges Kind alles allein. Sie als sorgeberechtigte Mutter können diese Erbschaft für Ihre Tochter verwalten, bis sie volljährig ist.

### Der gesetzliche Voraus des Ehegatten

Tritt die gesetzliche Erbfolge ein, weil kein Testament verfasst wurde, erhält der Ehegatte zusätzlich zu seinem Erbteil den sogenannten Voraus. Der Voraus umfasst alle Hausratsgegenstände sowie die Hochzeitsgeschenke. Diese Gegenstände, die der Ehegatte erhält, muss er sich nicht auf seinen Erbteil anrechnen lassen. Er erhält das Voraus zusätzlich zu seinem Erbteil.

### WENN KEIN NENNENSWERTES VERMÖGEN VORHANDEN IST

Besitzen Eheleute außer ihrem Hausrat kein nennenswertes Vermögen, kann es im Einzelfall sinnvoll sein, kein Testament zu verfassen. Der überlebende Ehegatte erhält den gesamten Hausrat als Voraus. Hat das sonstige Vermögen des Verstorbenen nur für die Beerdigung gereicht, ist der Erbteil der Kinder des Verstorbenen wirtschaftlich nichts wert.

## Der gleichgeschlechtliche Lebenspartner

Das Erbrecht des eingetragenen Lebenspartners ist dem Erbrecht eines Ehegatten angepasst. Auch hier hängt die Erbquote für den Partner vom Güterstand ab und von der Ordnung der sonstigen Erben. Die Zugewinngemeinschaft wird hier als Ausgleichsgemeinschaft bezeichnet.

## Der Lebensgefährte – das Paar ohne Trauschein

Der Lebensgefährte hat kein gesetzliches Erbrecht. Stirbt ein Lebensgefährte, der kein Testament hinterlassen hat, erben dessen Verwandte alles. Der Lebensgefährte geht völlig leer aus!

Ist eine Lebensgemeinschaft auf Dauer angelegt, sollten sich die Lebensgefährten über dieses Thema unterhalten und sich eventuell gegenseitig mit einem Testament absichern. Der Lebensgefährte muss jedoch unter Umständen eine hohe Erbschaftsteuer zahlen. Vielleicht werden beide im Gespräch feststellen, dass Heiraten auch eine Lösung sein kann.

### Zuschauerfrage an die Redaktion „Escher – Der MDR-Ratgeber"

> Frau Thomas aus Offenbach:
> „Mein Lebensgefährte und ich, wir haben acht Jahre in einem gemeinsamen Haushalt gelebt. Durch einen Verkehrsunfall ist mein Lebensgefährte vor vier Wochen ums Leben gekommen. Ein Testament hat er leider nicht verfasst. Ihm gehörten viele Hausratsgegenstände in unserer Wohnung wie beispielsweise Waschmaschine und Fernseher. Außerdem besaß er ein Auto und ein kleines Bankkonto. Bereits drei Tage nach seinem Tod kamen seine beiden volljährigen Kinder aus seiner geschiedenen Ehe und räumten mir regelrecht

> die Wohnung aus. Sie haben alles mitgenommen, was meinem Lebensgefähr-
> ten gehört hat. Sind sie dazu berechtigt? Das hätte mein Lebensgefährte si-
> cher nicht gewollt."

Da Sie nicht verheiratet waren, sind ohne Testament die beiden Kinder Ihres verstorbenen Mannes seine gesetzlichen Erben zu je einem halben Erbanteil. Die Kinder erben damit alles, was vorher Ihrem Lebensgefährten
gehörte. Sie sind berechtigt, alle diese Gegenstände mitzunehmen. Außerdem gehören den Kindern durch die Erbschaft jetzt auch das Auto und das
Bankkonto. Es ist schade, dass Sie und Ihr Lebensgefährte nicht an ein
Testament gedacht haben. Jeder hätte den anderen Partner zum Alleinerben einsetzen oder ihm zumindest die Hausratsgegenstände hinterlassen
können. Da Sie nichts geregelt haben, können die Kinder die Herausgabe
ihres Erbes verlangen.

# Die testamentarische Erbfolge

Es gibt für den Erblasser grundsätzlich zwei Möglichkeiten, die gesetzliche Erbfolge zu umgehen. Er kann

- entweder ein Testament verfassen oder

- einen Erbvertrag abschließen.

Man spricht dann von der sogenannten testamentarischen Erbfolge.

Ein Erbvertrag ist gemäß § 2274 ff. BGB ein Vertrag zwischen dem Erblasser und seinen künftigen Erben. Er hat eine höhere Bindungswirkung als ein Testament. Deshalb ist eine Änderung oder Aufhebung viel schwieriger als bei einem Testament.

**ERBVERTRAG WILL GUT ÜBERLEGT SEIN**

Ein Testament können Sie jederzeit widerrufen. Beim Erbvertrag ist der Ausstieg viel schwieriger. Deshalb sollten Sie keinesfalls unüberlegt einen Erbvertrag abschließen.

## Was Sie im Testament regeln können

### Wer soll erben?

Am wichtigsten in jedem Testament ist die klare und eindeutige Formulierung einer Erbeinsetzung. Sie können eine oder mehrere Personen als Erben einsetzen. Wenn Sie mehrere Personen als Erben bestimmen, können Sie deren Anteile durchaus auch unterschiedlich hoch ansetzen. Aus Zweckmäßigkeitsgründen sollten Sie aber die Anzahl der Erben im Testament überschaubar halten.

**NAME, GEBURTSDATUM UND ANSCHRIFT**

Den oder die Erben sollten Sie unverwechselbar bezeichnen. Aus diesem Grunde empfiehlt es sich, zum Namen auch Geburtsdatum und die derzeitige Wohnanschrift des künftigen Erben aufzunehmen. Ändert sich später die Anschrift eines Erben, muss das Testament deshalb nicht geändert werden.

Als Sonderform der Erbeinsetzung gibt es die Möglichkeit, den Erben zum sogenannten Vorerben einzusetzen und gleichzeitig einen Nacherben zu bestimmen. Dabei ist der Vorerbe sozusagen nur Erbe auf Zeit und muss spätestens mit seinem Ableben das ererbte Vermögen an den bereits benannten Nachfolger, also den Nacherben, abgeben.

 **MÖGLICHE REGELUNGEN**

Das ist wie die Weitergabe eines Staffelstabs. Dabei können Sie regeln, ob der eingesetzte Vorerbe einer Vielzahl von Beschränkungen unterliegt und beispielsweise nicht das Geld, sondern nur die Zinsen verbrauchen darf oder ein Grundstück weder verkaufen noch beleihen darf.

Möglich ist auch, dass Sie ihn als sogenannten befreiten Vorerben von allen gesetzlichen Beschränkungen befreien, von denen die Befreiung erteilt werden kann. Lediglich von zwei Beschränkungen kann der Vorerbe nicht befreit werden:

- So kann er nicht davon befreit werden, dass er auf Anforderung des Nacherben diesem ein Inventarverzeichnis anfertigt.

- Außerdem ist es dem Vorerben immer verboten, gegen den Willen des Nacherben etwas aus der Vorerbschaft zu verschenken.

Eine solche Konstruktion sollte im Testament aber nicht ohne eingehende juristische Beratung angewendet werden.

Denken Sie als Erblasser auch daran, dass der eingesetzte Erbe vor Ihnen versterben kann. Für diese Fälle empfiehlt es sich, vorsorglich einen Ersatzerben festzulegen. Haben Sie ein Kind zum Erben eingesetzt, unterstellt das Gesetz als Auslegungsregel, dass beim Vorversterben des eingesetzten Kindes dessen Kinder, also die Enkel, nachrücken. Sollen aber nicht alle Enkel nachrücken oder handelt es sich nicht um Kinder, sondern vielmehr um Neffen und Nichten, muss eine Ersatzerbenregelung ausdrücklich aufgenommen werden.

## Vermächtnisse

Wendet ein Erblasser einer Person einen bestimmten Gegenstand oder ein konkretes Recht zu, ohne dass diese Person Erbe wird, liegt eine Einsetzung zu einem Vermächtnis vor.

**SCHMUCK FÜRS PATENKIND**

Ein solches Vermächtnis kann beispielsweise vorliegen, wenn eine Mutter ihre Tochter zwar zur Alleinerbin einsetzt, aber ihrem Patenkind ein Schmuckstück oder einen Geldbetrag im Testament zuwendet. Das Patenkind ist dann Vermächtnisnehmer hinsichtlich der im Testament genannten Gegenstände.

Beim Vermächtnis gibt es umfangreiche Gestaltungsmöglichkeiten. Es können nicht nur Gegenstände weitergegeben werden, sondern auch Geldbeträge, eine bestimmte Quote vom Geld (z. B. 1/4) oder auch ein Wohnrecht bzw. eine Geldrente. Denkbar ist beispielsweise auch, dass sich ein Vermächtnisnehmer vom Hausrat diejenigen Gegenstände aussuchen kann, die er gebrauchen kann. Wichtig ist beim Vermächtnis, dass Sie als Erblasser den Gegenstand oder das Recht so konkret wie möglich beschreiben, damit es später zwischen dem Erben und dem Vermächtnisnehmer keinen Streit darüber gibt, was konkret vom Vermächtnis erfasst ist.

**WELCHE VASE IST GEMEINT?**

Hat beispielsweise der Erblasser im Testament seinem Neffen als Vermächtnis die „Meißner Vase" zugewandt, wird es mit Sicherheit Streit geben, wenn im Nachlass zwei Vasen vorhanden sind, eine große und eine kleine. Welche Vase hat der Erblasser nun gemeint? Gibt auch eine Auslegung des Testamentes keine Anhaltspunkte dafür, ist Streit vorprogrammiert. Um derartige Streitigkeiten zu vermeiden, sollten Sie die Gegenstände exakt und unverwechselbar bezeichnen.

### Zuschauerfrage an die Redaktion „Escher - Der MDR-Ratgeber"

Frau Hegemeyer aus Aalen:
„Vor fünf Jahren ist meine Tante gestorben. Ihre beiden Kinder haben alles geerbt. Im Testament hatte die Tante aber festgelegt, dass ich ihre alte Singer-Nähmaschine und einen Geldbetrag von 2.000 Euro erhalten soll. Bis jetzt habe ich immer gewartet, ob die beiden Kinder mir die Nähmaschine und das Geld freiwillig herausgeben und habe keine Forderungen erhoben. Weil mir die Sache jetzt zu lange gedauert hat, habe ich beide Kinder auf mein Vermächtnis hin angesprochen. Die Kinder verweigern jetzt die Herausgabe meines Vermächtnisses und behaupten, mein Anspruch wäre bereits verjährt. Ist das richtig?"

Nein, der Herausgabeanspruch auf das Vermächtnis verjährt erst nach 30 Jahren. Sie sollten aber nicht weiter warten, sondern den Erben mitteilen, dass Sie sich im Weigerungsfalle an einen Anwalt wenden werden, der dann das Vermächtnis für Sie durchsetzt. Die Durchsetzung des Vermächtnisses ist auch mit einer Klage möglich, wenn sich die Erben weiter hartnäckig weigern.

Nach einer geplanten Reform im Erbrecht, die derzeit noch nicht in Kraft ist, sollen künftig Vermächtnisansprüche bereits nach 3 Jahren verjähren.

Beim Vermächtnis ist es denkbar, dass auch Erben mit Vermächtnissen bedacht werden. Soll ihnen das Vermächtnis zusätzlich zu ihrem Erbteil zugute kommen, handelt es sich um ein sogenanntes Vorausvermächtnis.

**DIE UHR FÜR DEN SOHN, DER SCHMUCK FÜR DIE TOCHTER**

Ein Vorausvermächtnis liegt beispielsweise dann vor, wenn nach einem Vater dessen zwei Kinder jeweils zur Hälfte erben, im Testament aber zusätzlich zur Erbeinsetzung festgelegt ist, dass der Sohn Vaters goldene Uhr erhält und die Tochter den im Nachlass befindlichen Schmuck.

Vor der hälftigen Teilung des Nachlasses werden die beiden Gegenstände der Vermächtnisse, also goldene Uhr und Schmuck, den beiden Kindern jeweils zugeteilt. Der Rest des Nachlasses wird dann je zur Hälfte zwischen den beiden Erben aufgeteilt, unabhängig davon, ob möglicherweise der Schmuck viel wertvoller ist als die Uhr.

## Auflagen

Mit einer Auflage können Sie einem Erben oder Vermächtnisnehmer ein bestimmtes Tun oder Unterlassen aufgeben. Dabei ist es nicht einmal erforderlich, dass jemand durch die Auflage begünstigt wird. Im Mittelpunkt steht das Handeln, das vom Erben oder Vermächtnisnehmer gefordert wird.

**BEERDIGUNG ORGANISIEREN ODER FREUDE BEREITEN**

Ein klassisches Beispiel für eine Auflage liegt vor, wenn ein Erblasser in seinem Testament regelt, in welcher Art und Weise der Erbe die Bestattung organisieren soll.

Eine Auflage wäre aber auch in der Form möglich, dass dem Erben aufgegeben wird, jedes Jahr zu Weihnachten bedürftigen Menschen eine Freude zu machen. Die konkrete Form der Ausgestaltung der Erfüllung dieser Auflage kann sich dann der Erbe überlegen. Er könnte einer karitativen Einrichtung einen Geldbetrag spenden oder auch durch persönliche Arbeitsleistung dort eine Weihnachtsfeier ausgestalten.

Die Auflage kann also ohne einen Begünstigten auskommen. Der Schwachpunkt der Auflage besteht darin, dass sie nur in seltenen Fällen erzwingbar ist. Machen Sie sich Sorgen, dass Ihr Erbe eine Auflage, die als moralischer Appell gedacht ist, nicht in der Form erfüllen wird, wie Sie sich das vorstellen, ist die Auflage fehl am Platz. Dann sollten Sie darüber nachdenken, ob Sie nicht besser einer karitativen Einrichtung einen unmittelbaren Vermächtnisanspruch gewähren, in der die Höhe der Zuwendung festgeschrieben ist.

## Teilungsanordnung

Mit einer Teilungsanordnung zwischen den Erben verschieben Sie nicht deren Erbquoten. Es ist aber möglich, dass im Nachlass ein Gegenstand ist, den jeder der Erben haben möchte. Erhalten kann ihn aber nur eine Person. Wollen Sie an dieser Stelle Streit vermeiden, können Sie im Testament einem der Erben in Anrechnung auf seinen Erbteil diesen Gegenstand zuweisen. Dann handelt es sich um eine Teilungsanordnung.

 **BEISPIEL**   **DER BEGEHRTE OLDTIMER**

Eine solche Teilungsanordnung würde beispielsweise vorliegen, wenn der Erblasser in seinem Testament formuliert:
„Meine drei Kinder bestimme ich zu jeweils 1/3 Anteil zu Erben. Im Wege der Teilungsanordnung bestimme ich, dass mein Sohn Hans den Oldtimer Mercedes Benz, Baujahr 1920, erhalten soll."
Auch wenn die Teilungsanordnung festlegt, dass der Sohn Hans den von allen Erben begehrten Oldtimer erhalten soll, vergrößert das nicht sein Erbteil. Das Auto erhält Hans in Anrechnung auf sein Erbteil.

### Zuschauerfrage an die Redaktion „Escher – Der MDR-Ratgeber"

Frau Nicklisch aus Kaiserslautern:
„Meine verstorbene Mutter hatte im Testament bestimmt, dass mein Bruder und ich je zur Hälfte erben sollen. Weiter hatte sie geschrieben, dass mein Bruder das Grundstück mit dem Einfamilienhaus im Wege der Teilungsanordnung erhalten soll. Ich finde das sehr ungerecht. Wenn mein Bruder das Grundstück erhält, bekommt er sehr viel mehr als ich, da Mutter nicht viel Geld auf dem Konto hatte. Kann ich mich dagegen wehren?"

Ihre Mutter hat im Testament eine gerechte Lösung gewählt, indem beide Kinder jeweils die Hälfte erben sollen. Die Teilungsanordnung mit dem Grundstück bedeutet nicht, dass Ihr Bruder mehr erhält als Sie. Reicht der sonstige Nachlass nicht aus, dass Sie ebenso viel erhalten können wie Ihr Bruder mit dem Haus, muss Ihr Bruder aus seinem Privatvermögen Geld an Sie zahlen, damit wertmäßig jedes der beiden Kinder am Ende gleich viel hat.

## Testamentsvollstreckung

Wenn im Testament ein Testamentsvollstrecker eingesetzt wurde, dann hat dieser eine Stellung, die ähnlich der eines Bevollmächtigten oder Treuhänders ist. Als Erblasser haben Sie im Testament eine Reihe von Regelungen getroffen, können aber nach Ihrem Tod natürlich nicht mehr kontrollieren, ob alle diese Anordnungen auch so ausgeführt werden. Ein eingesetzter Testamentsvollstrecker tut dies dann in Ihrem Auftrag und führt Ihre Anordnungen aus. Damit ist der Testamentsvollstrecker sozusagen Ihr „verlängerter Arm aus dem Grabe heraus".

In vielen Testamenten ist es sicherlich nicht nötig, einen Testamentsvollstrecker zu bestimmen. Sinnvoll ist eine Testamentsvollstreckung dann, wenn

- minderjährige Erben oder Vermächtnisnehmer bedacht werden sollen,

- ein behindertes oder überschuldetes Kind erbt,

- ein Erbe vor sich selbst geschützt werden muss, weil er nicht mit Geld umgehen kann.

Eine Testamentsvollstreckung kann auch dann sinnvoll sein, wenn der Erblasser weiß, dass seine künftigen Erben so zerstritten sind, dass sie nicht in der Lage sind, emotionslos den Nachlass zu teilen.

Die Dauer der Testamentsvollstreckung können Sie unterschiedlich ausgestalten. Der Testamentsvollstrecker wird in den meisten Fällen nur die Teilung des Nachlasses vornehmen. Sofern es sich aber um eine Verwaltungsvollstreckung handelt, wird der Testamentsvollstrecker für eine bestimmte Zahl von Jahren oder längstens auf Lebenszeit des Erben dessen Nachlassanteil für ihn verwalten.

 **GRÖßERES GELDVERMÄCHTNIS FÜR DEN ENKEL**

Eine Testamentsvollstreckung kann beispielsweise dann sinnvoll sein, wenn ein 16-jähriger Enkel ein größeres Geldvermächtnis erhält. Die Eltern können für ihr minderjähriges Kind dessen Vermögen lediglich bis zur Vollendung des 18. Lebensjahres verwalten. Ab diesem Zeitpunkt haben auch die Eltern keinen Einfluss mehr auf die Verwendung des Geldes. Wenn dann der Enkel dieses Geld nicht den Wünschen seiner Großeltern entsprechend für seine Ausbildung verwenden, sondern sich viel lieber gleich zum 18. Geburtstag ein zu teures Auto kaufen möchte, sollten gegebenenfalls derartige Ambitionen verhindert werden.

Wird ein Testamentsvollstrecker eingesetzt, kann er solche Gelder länger verwalten. Im Testament kann beispielsweise festgelegt werden, dass die Testamentsvollstreckung bis zum 21. oder bis zum 25. Lebensjahr des Enkelkindes andauern soll. Zu diesem Zeitpunkt hat in den meisten Fällen ein Reifeprozess bei dem jungen Menschen eingesetzt und die Großeltern können sicher sein, dass das bis dahin verwaltete Geld nur für die Ausbildung ausgegeben wurde und das restliche Geld dann dem in der Zwischenzeit gereiften Enkelkind zur Verfügung steht.

### Zuschauerfrage an die Redaktion „Escher – Der MDR-Ratgeber"

Herr Gerling aus Radebeul:

„Ich habe im Testament festgelegt, dass nach meinem Tod meine Kinder erben und jedes meiner Enkelkinder ein Geldvermächtnis in Höhe von 3.000,00 Euro erhält. Mein jüngster Sohn ist aber geschieden und die Enkeltochter lebt bei ihrer Mutter, die auch das alleinige Sorgerecht hat. Ich traue meiner ehemaligen Schwiegertochter nicht recht, ob sie das Geld für die Enkelin gut verwaltet. Kann ich ihr die Verwaltung für das Vermächtnis entziehen?"

Ja, ordnen Sie im Testament für das Vermächtnis zugunsten der betroffenen Enkeltochter Testamentsvollstreckung an und bestimmen Sie eine Person Ihres Vertrauens zum Testamentsvollstrecker. Theoretisch wäre es zwar auch möglich, Ihren jüngsten Sohn, den Vater der Enkeltochter, zum Testamentsvollstrecker zu bestimmen. Im Interesse Ihrer Enkeltochter wäre das jedoch sicher nicht sinnvoll, weil Sie damit einen neuen Konflikt zwischen den geschiedenen Eheleuten heraufbeschwören könnten. Sie sollten vielmehr überlegen, ob nicht eines Ihrer anderen Kinder Testamentsvollstrecker werden kann, der dann die Verwaltung des Geldes übernimmt, bis Ihre Enkelin beispielsweise das 21. Lebensjahr vollendet hat.

**PERSON IHRES VERTRAUENS**

Zum Testamentsvollstrecker sollten Sie eine Person des Vertrauens auswählen. Es kann sich dabei um einen Verwandten oder guten Freund handeln. Wichtig ist, dass Sie dieser Person in Gelddingen absolut vertrauen können.

Grundsätzlich steht einem Testamentsvollstrecker vom Gesetz her eine kleine Vergütung zu. Innerhalb von engen Verwandten oder Bekannten kann man dieses Amt aber auch als Ehrenamt ausgestalten. Dabei wird ausdrücklich im Testament festgeschrieben, dass eine Vergütung nicht geschuldet wird, aber Auslagen wie beispielsweise Fahrtkosten selbstverständlich zu erstatten sind.

# Wie gestalte ich ein Testament?

Bei den Überlegungen zur Testamentsgestaltung sollten Sie sich zunächst vergegenwärtigen, wie im Falle Ihres Ablebens die gesetzliche Erbfolge aussieht. Es gibt einige wenige Fälle, in denen die gesetzliche Erbfolge bereits die optimale Gestaltung darstellt und in denen kein Testament erforderlich ist.

**GESETZLICHE ERBFOLGE GEWÜNSCHT**

Ein Witwer mit zwei Kindern, der möchte, dass seine beiden Kinder jeweils zur Hälfte erben, benötigt kein Testament. Nach der gesetzlichen Erbfolge erben beide Kinder jeweils zur Hälfte. Will der Erblasser aber auch nur in einem kleinen Detail von der gesetzlichen Erbfolge abweichen und beispielsweise Vermächtnisse für Enkel aussprechen, ist ein Testament erforderlich.

Im zweiten Schritt sollten Sie sich Gedanken darüber machen, welche Vermögenswerte beim Vererben überhaupt zur Debatte stehen. Dazu müssen Sie sich in einer Bestandsaufnahme vor Augen führen, welche

- Geldbeträge,

- Immobilien und

- sonstigen Wertgegenstände vorhanden sind und welche

- Versicherungen ausgezahlt werden.

Beim Immobilieneigentum wird man für eine selbst genutzte Immobilie sicherlich größere Vorsichtsmaßnahmen einbauen müssen als beispielsweise für eine Eigentumswohnung oder ein Stück Ackerland. Ist im Nachlass Firmenvermögen vorhanden, müssen zusätzlich gesellschaftsrechtliche Regelungen in Gesellschaftsverträgen beachtet werden, da diese stets Vorrang vor dem Testament haben.

 **FIRMENVERMÖGEN: GESELLSCHAFTSVERTRAG BEACHTEN**

Es ist nicht möglich, im Testament eine Regelung zu treffen, die der Gesellschaftsvertrag womöglich verbietet. Steuerliche Überlegungen werden zumindest bei größeren Vermögen eine Rolle spielen müssen.

Auch die Kinder spielen bei den Überlegungen zur Testamentsgestaltung eine wichtige Rolle:

- Handelt es sich um gemeinsame Kinder der Ehegatten?

- Gibt es Kinder aus früheren Ehen oder außereheliche Kinder?

- Wie alt sind die Kinder?

- In welcher wirtschaftlichen Lebenssituation leben sie?

Alle diese Fragen wollen gründlich durchdacht sein. Je nachdem, welche Ziele Sie mit dem Testament verfolgen, müssen Sie das Testament an diese Wünsche und Vorstellungen anpassen. Dabei muss in die Überlegungen zum Testament auch die Frage einbezogen werden, ob das Testament eine vermeidbare Erbschaftsteuer auslösen kann. So unterschiedlich die Familien sind, so unterschiedlich werden demzufolge auch die Testamente sein müssen.

Haben Sie sich aufgrund der vorangegangenen Überlegungen dazu entschlossen, ein Testament zu verfassen, stehen Sie grundsätzlich vor der Wahl, was für ein Testament Sie verfassen möchten:

- Ein notarielles Testament oder

- ein handschriftliches Testament.

Beim notariellen Testament ist später kein Erbschein erforderlich. Ein Erbschein ist eine vom Nachlassgericht ausgestellte amtliche Bestätigung, welche Person Erbe wird. Beim notariellen Testament reicht eine Eröffnung des Testaments durch das Nachlassgericht aus. Die Kosten für den Erbschein beim handschriftlichen Testament entsprechen in etwa den Kosten für den Notar. Die Höhe dieser Kosten hängt vom Wert des Nachlasses ab.

Beim handschriftlichen („privatschriftlichen") Testament ist die Hinzuziehung eines Notars nicht erforderlich. Hier muss der künftige Erblasser das gesamte Testament von Anfang bis Ende mit Hand schreiben und unterschreiben. Ein Datum ist zwar nicht unbedingt erforderlich, aber sehr sinnvoll.

 **VORSICHT FALLE!**

Keinesfalls ist es ausreichend, wenn Sie Ihr Testament auf dem Computer ausdrucken und dann lediglich unterschreiben. Das ist kein gültiges Testament. Sie müssen sich schon die Mühe machen, und das gesamte Testament mit der Hand schreiben.

## Das handschriftliche („privatschriftliche") Testament

In einfach gelagerten Fällen und bei übersichtlich gegliedertem Vermögen können viele Personen sicherlich ganz allein ohne Anleitung ein handschriftliches Testament verfassen. Sind aber die Familien- bzw. Vermögensverhältnisse etwas komplizierter, sollten Sie sich bei einem handschriftlichen Testament von einem im Erbrecht erfahrenen Juristen beraten lassen, der dann auch einen Entwurf für ein handschriftliches Testament verfassen kann. Wichtig beim handschriftlichen Testament ist, dass Sie nicht einfach blind einen Mustertext abschreibt, der möglicherweise für die eigenen Familien- und Vermögensverhältnisse völlig unpassend und ungeeignet ist.

Ein handschriftliches Testament können Sie zu Hause verwahren. Das ist aber nur dann ratsam, wenn Sie sicher sein können, dass das Testament im Ernstfall auch tatsächlich gefunden wird. Ein Risiko kann darin bestehen, dass das Testament von den Erben versehentlich vernichtet wird, weil sie den Umschlag mit dem Testament für wertlosen alten Briefwechsel gehalten haben. Im Falle eines Brandes kann das Originaltestament zu Hause vernichtet werden. Größer ist aber das Risiko, dass das Testament in die falschen Hände kommt. Sollte etwa ein enterbtes Kind unmittelbar nach dem Todesfall das Testament finden, durch das es enterbt wird, ist dieses Kind zwar verpflichtet, das Testament beim Nachlassgericht abzugeben, aber die Verlockung ist groß, das „böse Testament" zu vernichten.

## Zuschauerfrage an die Redaktion „Escher – Der MDR-Ratgeber"

Frau Niemann aus Frankfurt/Oder:

„Ich habe ein handschriftliches Testament verfasst, mein Mann weiß, wo es sich befindet. Unser erwachsener Sohn lebt in Amerika und kommt nur selten zu uns. Zwar habe ich auch ihm gesagt, wo das Testament zu finden ist, ich habe aber Sorge, dass er sich, wenn es dann so weit ist, nicht mehr daran erinnert. Und ob mein Mann zu dem Zeitpunkt noch lebt (er ist zehn Jahre älter als ich), ist auch fraglich. Wird denn irgendjemand dafür sorgen, dass unsere Wohnung gründlich nach einem Testament durchsucht wird?"

Ihr Sohn wird sicherlich nach Ihrem Tod gegebenenfalls gemeinsam mit Ihrem Mann nach Ihrem Testament suchen. Es gibt allerdings keine Garantie, dass er es tatsächlich in der Wohnung findet. Vielleicht hat er Ihren Hinweis vergessen, wo er suchen soll. Möglich ist auch, dass Sie sich inzwischen einen neuen Platz für das Testament überlegt haben. Sie sollten sich überlegen, ob unter diesen Umständen Ihre Wohnung der richtige Ort für die Aufbewahrung Ihres Testaments ist. Besser wäre es, wenn Sie es bei der Hinterlegungsstelle des Nachlassgerichts abgeben, das für Ihren Wohnort zuständig ist. Dann wird das Testament in jedem Fall eröffnet, wenn Sie versterben.

**HINTERLEGUNGSSTELLE BEIM NACHLASSGERICHT**

Wenn der Erblasser das Testament zu Hause nicht verwahren möchte, kann er es beim zuständigen Nachlassgericht in der Verwahrstelle abgeben. Zuständig ist das Nachlassgericht des eigenen Wohnsitzes.

Bei der Verwahrstelle müssen Sie eine Kopie Ihrer Geburts- bzw. Eheurkunde mitbringen und eine ungefähre Angabe zur Höhe des gegenwärtigen Vermögens machen. Sind Sie verheiratet, sollten Sie das Testament entweder gemeinsam in Verwahrung geben oder ein Ehegatte erscheint beim Nachlassgericht und weist eine Vollmacht des anderen Ehegatten vor, dass er das Testament abgeben darf. Das Nachlassgericht berechnet dafür eine kleine Verwahrgebühr, die sich nach der Höhe des Vermögens richtet. Beträgt das Vermögen beispielsweise 50.000 Euro, beträgt die Verwahrgebühr 33 Euro. Das ist eine einmalige Gebühr und nicht etwa jährlich zu zahlen. Im Gegenzug dazu erhalten Sie einen Hinterlegungsschein. Das ist so ähnlich wie eine Quittung: eine Bestätigung dafür, dass das Testament beim Nachlassgericht unter einer bestimmten Verwahrbuchnummer registriert und verwahrt wird.

 **AUFBEWAHRUNG BEIM BEGÜNSTIGTEN**

Eine preiswerte Alternative zur Verwahrung beim Nachlassgericht kann darin bestehen, dass Sie dem Begünstigten das Testament zur Verwahrung zu überlassen. Hat beispielsweise ein lediger kinderloser Onkel seinen Lieblingsneffen zum Alleinerben bestimmt, kann er sicher sein, dass der Neffe das Testament, welches ihn begünstigt, wie seinen Augapfel hüten wird. Er wird es gut verwahren, da er ein Interesse daran hat, dass das Testament später beim Nachlassgericht abgegeben wird.

## Das Ehegattentestament

Ehegatten können in jeweils getrennten Testamenten ihren letzten Willen aufschreiben. Es bietet sich aber an, dass Ehegatten ein gemeinsames Testament, also ein Ehegattentestament verfassen.

**NUR FÜR EHEPAARE UND EINGETRAGENE LEBENSGEMEINSCHAFT**

Diese Möglichkeit gibt es nur für Ehegatten. Der eingetragene Lebenspartner einer gleichgeschlechtlichen eingetragenen Lebenspartnerschaft ist dem Ehegatten gleichgestellt. Verlobte oder geschiedene Eheleute dürfen kein solches Testament schreiben.

## Zuschauerfrage an die Redaktion „Escher - Der MDR-Ratgeber"

Frau Singer aus Neuruppin:

„Kurz vor Abschluss unseres Scheidungsverfahrens ist mein Mann plötzlich und unerwartet verstorben. Ich hatte die Scheidung beantragt und mein Mann hatte zugestimmt. Wir hatten keine gemeinsamen Kinder. Mein Mann hatte eine Tochter aus erster Ehe. Mit einem gemeinsamen Ehegattentestament hatten wir uns gegenseitig zu Alleinerben eingesetzt. Jetzt behauptet seine Tochter, dass sie Alleinerbe nach ihrem Vater sei, weil unser Testament durch das Scheidungsverfahren nicht mehr gültig sei. Hätte ich das geahnt, hätte ich mir die Scheidung mit all den Kosten sparen können. Gehe ich jetzt wirklich leer aus?"

Ihr Mann hat im Scheidungsverfahren dem Antrag auf Scheidung zugestimmt. Damit ist Ihr altes Ehegattentestament nicht mehr gültig. Sie beide hätten sicher nicht mehr gewollt, dass der andere Partner im Falle des Todes erbt. Die Tochter hat Recht, sie wird wirklich Alleinerbin. Ganz leer gehen Sie jedoch nicht aus. Sie haben gegebenenfalls Anspruch auf Zugewinnausgleich, so, als ob das Scheidungsverfahren zu Lebzeiten Ihres Mannes normal zu Ende gebracht würde. Außerdem waren Sie noch nicht rechtskräftig geschieden. Deshalb haben Sie Anspruch auf eine Witwenrente nach Ihrem Mann.

Ein verfasstes Ehegattentestament wird bei Rechtskraft der Scheidung unwirksam. Der Scheidung steht es gleich,

- wenn zum Zeitpunkt des Todes eines Ehegatten die Voraussetzungen für die Scheidung der Ehe gegeben waren und

- der Erblasser die Scheidung beantragt oder ihr zugestimmt hat.

Eine Ausnahme von diesem Grundsatz ist jedoch denkbar, wenn der Erblasser im konkreten Einzelfall den geschiedenen Ehegatten trotz Scheidung weiterhin bedenken wollte.

Der große Vorteil beim Ehegattentestament gegenüber einzelnen Testamenten von Eheleuten ist, dass es keine Heimlichkeiten geben kann. Haben Ehegatten zwei getrennte Testamente verfasst, wäre es durchaus möglich, dass einer der Ehegatten heimlich hinter dem Rücken des anderen seine Verfügungen ändert. Hätte der andere Ehegatte beizeiten davon erfahren, wäre er in der Lage gewesen, sich selbst mit seinen Verfügungen darauf einstellen zu können. Bei Kenntnis dieser Situation hätte dieser Ehegatte den anderen Partner auch nicht zum Alleinerben eingesetzt. Haben beide dagegen ein Ehegattentestament verfasst, können sie es immer nur gemeinsam ändern. Will einer, entgegen dem Willen des anderen, davon abweichen, muss der andere Ehepartner zwingend davon informiert werden, so dass es keine Heimlichkeiten geben kann.

## Zuschauerfrage an die Redaktion „Escher - Der MDR-Ratgeber"

Frau Müller aus Kleinmachnow:
„Mein Mann und ich, wir hatten bereits vor Jahren ein Berliner Testament verfasst, wonach wir uns gegenseitig zum Alleinerben einsetzen und am Schluss unsere vier Kinder erben sollen. Mein Mann ist vor zwei Monaten verstorben. Wie ich erst jetzt erfahren habe, hatte mein Mann bereits seit eineinhalb Jahren ein Verhältnis mit einer anderen Frau. Diese hat jetzt ein Testament meines Mannes vorgelegt, in dem es heißt: ‚Ich widerrufe alle früheren Testamente und bestimme Frau Anneliese G. zu meiner Alleinerbin.' Hätte ich das früher geahnt, dann hätte er etwas erleben können. Bin ich jetzt enterbt?"

Nein, bindend ist hier das gemeinsame Testament, das beide verfasst haben. Hätte Ihr Mann Ihnen zu Lebzeiten offiziell und nachweisbar mitgeteilt, dass er das gemeinsame Testament widerrufen möchte, hätte er damit durchsetzen können, dass das gemeinsame Ehegattentestament unwirksam wird. Da er das nicht getan hat, war er nicht berechtigt, einseitig ein neues

Testament zu verfassen, welches die andere Frau zur Alleinerbin einsetzt. Sie erben allein und die Freundin Ihres Mannes geht leer aus.

## Am bekanntesten: das Berliner Testament

Das bekannteste Ehegattentestament ist das Berliner Testament. Bei diesem Testament setzen sich die Ehegatten gegenseitig zum Alleinerben ein und bestimmen, dass nach dem Tode des Zuletztversterbenden der Ehegatten die Kinder Schlusserben werden. Das bedeutet, dass die Kinder nach dem Tod des einen Elternteils noch nichts erhalten. Erst wenn der letzte Elternteil stirbt oder wenn beide bei einem Unfall gleichzeitig sterben, bekommen die Kinder ihren Erbteil. Dieses Testament ist in den meisten Fällen sehr sinnvoll. Es ist gedacht für kleine und mittlere Vermögen und für übersichtliche Familienverhältnisse mit ausschließlich gemeinsamen Kindern.

Es soll aber an dieser Stelle ausdrücklich nochmals davor gewarnt werden, das häufig als Mustertestament angebotene Berliner Testament einfach abzuschreiben. Es gibt durchaus Vermögens- und Familienkonstellationen, bei denen das Berliner Testament völlig ungeeignet ist.

### MÖGLICHER STEUERLICHER NACHTEIL

Haben beispielsweise die Ehegatten ein Kind und gemeinsam ein Vermögen von 500.000 Euro, kann das Berliner Testament zu steuerlichen Nachteilen führen. Im ersten Sterbefall erbt der überlebende Ehegatte den hälftigen Vermögensanteil (250.000 Euro) des verstorbenen Ehegatten. Dafür muss keine Erbschaftsteuer gezahlt werden, weil die Erbschaft unterhalb des Freibetrags für den Ehegatten liegt (500.000 Euro). Erbt am Ende das Kind das gesamte Vermögen der Eltern, also die gesamten 500.000 Euro, muss Erbschaftsteuer gezahlt werden, weil der Freibetrag des Kindes lediglich 400.000 Euro beträgt. Da aber das Kind nach jedem der Eltern einen solchen Freibetrag hat, wäre hier durch das Berliner Testament der Freibetrag nach dem erstversterbenden Elternteil ins Leere gelaufen.

Sinnvoll ist es in solchen Fällen, das Berliner Testament dahin gehend abzuwandeln, dass das Kind bereits beim Tod eines Elternteils ein Geldvermächtnis in Höhe von beispielsweise 100.000 Euro erhält. Damit wird der Steuerfreibetrag des Kindes ausgenutzt. Der überlebende Ehegatte ist mit dem ihm verbleibenden Vermögen dennoch abgesichert und bei der Schlusserbfolge über die restlichen 400.000 Euro wird dann keine Erbschaftsteuer fällig. Das Berliner Testament ist also durchaus auch an solche etwas größeren Vermögen anzupassen.

### Kinder aus früheren Beziehungen: kein Berliner Testament

Sind Ihre Familienverhältnisse so, dass es von einem oder beiden Partnern Kinder aus früheren Beziehungen gibt, oder lebt in Ihrer Familie ein behindertes Kind, sollten Sie unbedingt eine andere Testamentsform wählen. Es gibt für Ehegattentestamente sehr viele verschiedene Varianten, die Sie dann konkret Ihrer Familiensituation anpassen müssen.

## Kann ein Ehepartner das Testament nach dem Tode des anderen ändern?

Im Ehegattentestament wird häufig die Frage übersehen, ob der überlebende Ehegatte von der sogenannten Bindungswirkung des Testaments befreit werden soll oder nicht. Solange beide Ehegatten am Leben sind, können sie gemeinsam jederzeit das Testament ändern. Ist aber einer der Ehegatten verstorben und enthält das Testament keine ausdrückliche Regelung, hat das Testament seine Bindungswirkung entfaltet. Das bedeutet, dass der überlebende Ehegatte dann das einmal in Kraft getretene Testament nicht nochmals ändern und anpassen kann, auch wenn das noch so wünschenswert wäre. Die Falle hat hier zugeschnappt. Das alte Testament ist gewissermaßen in Beton gegossen worden. Es kann nicht mehr geändert werden.

Es ist Geschmacks- und Vertrauenssache, ob die Eheleute sich gegenseitig im Testament eine Befreiung von dieser Bindung an das alte Testament erteilen wollen. Im Leben des überlebenden Ehegatten kann noch vieles geschehen. Die gemeinsamen Kinder können sich aus den verschiedensten Gründen, zum Beispiel durch den Einfluss der Schwiegerkinder, anders entwickeln, als die Eltern sich das erhofft hatten. Es kann sein, dass Enkelkinder bedacht werden sollen, die später geboren wurden, oder aus steuerlichen Gründen ist eine Anpassung notwendig.

Eine Erlaubnis zur Änderung des alten Testaments kann der überlebende Ehegatte aber auch missbrauchen. Haben die Eheleute das Vertrauen zueinander, sollte im Ehegattentestament als letzter Satz ein sogenannter Änderungsvorbehalt aufgenommen werden.

Diese Erlaubnis zur Änderung des alten Testaments der Ehegatten könnte folgenden Wortlaut haben:

> „Der überlebende Ehegatte ist berechtigt, von diesem Testament abweichende letztwillige Verfügungen zu treffen und neu zu testieren."

**DIE FRAGE DER BINDUNGSWIRKUNG NICHT VERGESSEN**

Häufig wird die Frage der Befreiung von der Bindungswirkung im Testament gänzlich ausgelassen. Das geschieht aber nicht, weil die Ehegatten sich gegenseitig misstrauen, sondern weil sie sich über diese Frage keine Gedanken gemacht haben und die Gefahr der Bindungswirkung nicht kennen. Beim Ehegattentestament müssen die Eheleute unbedingt über diese Frage diskutieren.

# Vermeiden Sie Fehler im Testament

## Worauf Sie formal achten müssen

Der gravierendste Formfehler beim handschriftlichen Testament ist, einen Computerausdruck oder ein Maschinenschreiben einfach nur zu unterzeichnen statt den ganzen Text mit Hand zu schreiben.

Wenn Sie den ganzen Text mit der Hand geschrieben haben, dürfen Sie beim handschriftlichen Testament keinesfalls die Unterschrift vergessen. Beim Ehegattentestament müssen die Ehegatten daran denken, dass beide das Testament unterschreiben müssen.

Die Unterschrift sollten Sie mit dem vollständigen Namen leisten. Es kann sonst Streit geben, ob das Testament tatsächlich von Ihnen stammt, wenn

Sie lediglich mit Ihrem Vornamen unterschrieben haben oder wenn mit „Mutti" unterschrieben wurde.

Die Datumsangabe ist zwar keine zwingende Formvorschrift, aber dennoch ist es dringend zu empfehlen, dass Sie auf dem Testament das Datum vermerken. Ein fehlendes Datum kann sich dann negativ auswirken, wenn es mehrere verschiedene Testamente von Ihnen ohne Datum gibt und niemand weiß, welches das eigentlich gültige sein soll.

### Zuschauerfrage an die Redaktion „Escher - Der MDR-Ratgeber"

> Herr Gussmann aus Stralsund:
> „Unsere Tante ist verstorben und hinterlässt ein beträchtliches Vermögen. Zu unserer Überraschung hat sie neun verschiedene handschriftliche Testamente hinterlassen, in denen jeweils eine andere Person zum Alleinerben bestimmt wird. In einem dieser Testamente, von dem ich annehme, dass sie es unmittelbar vor ihrem Ableben geschrieben hat, bin ich zum Alleinerben eingesetzt. Leider tragen alle diese handschriftlichen Testamente kein Datum, sodass es nun Streit darüber gibt, welche Erbeinsetzung die letzte und damit maßgebliche ist. Wie kann ich mein Erbrecht beweisen?"

Die Testamente sind grundsätzlich auch ohne Datumsangabe gültig. Wenn aber wie hier mehrere Testamente verfasst wurden, müssen sie beweisen, dass das fragliche Testament, welches Sie zum Erben bestimmt, auch tatsächlich das letzte und damit gültige Testament der Tante ist. Manchmal ergeben sich aus dem Inhalt des Testaments Anhaltspunkte. So muss ein Testament, welches die jetzt gültige Anschrift eines kürzlich umgezogenen Erben verwendet, wohl jüngeren Datums sein. Ein ähnlicher Hinweis wäre beispielsweise gegeben, wenn im Testament steht: „Es erbt meine Nichte, die im Betrieb ihres Vaters als Buchhalterin arbeitet." Dieses Testament kann erst geschrieben worden sein, nachdem diese bewusste Nichte diese Arbeit aufgenommen hat.

Geben die verschiedenen Testamente keine derartigen Anhaltspunkte, hilft Ihnen hier nur ein Sachverständigengutachten im Erbscheinsverfahren vor dem Nachlassgericht weiter, das allerdings mit Kosten verbunden ist. Derjenige, dessen Erbscheinsantrag im Ergebnis abgewiesen wird, muss dann unter Umständen die Gutachterkosten tragen.

### KEIN EHEGATTENTESTAMENT FÜR LEBENSGEFÄHRTEN

Lebengefährten, Verlobte und geschiedene Ehegatten müssen daran denken, dass jeder von ihnen ein einzelnes Testament schreiben muss. Sie dürfen kein gemeinsames Ehegattentestament schreiben, da dieses nur Ehegatten und eingetragenen Lebenspartnerschaften vorbehalten ist.

Die Person, die das Testament schreibt, muss unbedingt testierfähig sein. Testierfähig ist eine Person ab 16 Jahren, die in der Lage ist, die Bedeutung einer von ihr abgegebenen Willenserklärung einzusehen und vernünftig zu handeln. Testierunfähig ist, wer unter 16 Jahren ist bzw. wegen einer krankhaften Störung der Geistestätigkeit, wegen Geistesschwäche oder Bewusstseinsstörung nicht in der Lage ist, seine eigenen Willenserklärungen zu überschauen und deren Folgen abzusehen.

### ÄRZTLICHE BESTÄTIGUNG EINHOLEN

Bei einer Person im fortgeschrittenen Alter kann es zum Beispiel in Folge einer Altersdemenz fraglich sein, ob diese noch all ihre Geschäfte überschaut und einen klaren Willen bilden kann. In diesen Fällen muss der Erblasser damit rechnen, dass sich die potenziellen Erben nach seinem Tod darüber streiten werden, ob er überhaupt noch testierfähig war. Dem kann der Erblasser vorbeugen, indem er sich durch den Hausarzt oder einen Neurologen am Tag der Testamentserrichtung bestätigen lässt, dass es keinerlei Einschränkungen in seiner Testierfähigkeit gibt.

Eine Person zwischen dem 16. und 18. Lebensjahr darf kein handschriftliches Testament verfassen, sondern kann nur ein notarielles Testament errichten. Das ist in der Praxis selten. Eine Person zwischen 16 und 18 Jahren hat in der Regel kein nennenswertes Vermögen, sodass ein Testament nicht erforderlich ist.

## Worauf Sie inhaltlich achten müssen

Die gravierendsten inhaltlichen Fehler können Ihnen dann passieren, wenn Sie ohne nähere Prüfung ein Mustertestament abschreiben:

- Vielleicht ist das abgeschriebene Mustertestament für völlig andere Familienverhältnisse gedacht gewesen.

- Vielleicht hat der Verfasser des Mustertestaments mit diesem Testament ganz andere Ziele verfolgt, als Sie jetzt beabsichtigen.

- Möglich ist auch, dass das Mustertestament von einer anderen Höhe des Vermögens oder einer anderen Vermögensstruktur ausgeht.

Um schädliche Folgen zu vermeiden, sollten Sie zunächst Ihre eigenen Familienverhältnisse betrachten. Wer gehört eigentlich zur Verwandtschaft? Im zweiten Schritt müssen Sie sich klar werden, welches Vermögen zu vererben ist. Die dritte und wichtigste Frage ist jedoch: Wer soll am Ende Nutznießer des Vermögens werden und alles erben?

Häufig übersieht der Erblasser bei der Testamentsgestaltung, dass er nicht einfach frei testieren kann, sondern dass er möglicherweise durch ein früheres Testament mit einem vorverstorbenen Ehegatten gebunden ist. Hat ein Erblasser z. B. mit dem verstorbenen Ehegatten ein Berliner Testament verfasst, wonach sich beide gegenseitig zum Alleinerben eingesetzt und die beiden Kinder zu Schlusserben bestimmt haben, ist es möglich, dass dieses Testament nicht ohne weiteres geändert werden kann.

Enthält dieses gemeinsame Berliner Testament keine ausdrückliche Erlaubnis für den überlebenden Ehegatten, dass dieser ein neues Testament schreiben darf, kann das alte Testament nicht einfach übergangen werden. Nur in wenigen Ausnahmefällen ist es dann möglich, dieses Testament selbst anzufechten. Der überlebende Ehegatte müsste dann rückwirkend einen Teil der Erbschaft an die Kinder ausbezahlen. Auch ein bereits früher abgeschlossener Erbvertrag kann nicht ohne weiteres außer Kraft gesetzt werden.

Inhaltliche Fehler können dann vorliegen, wenn ein Testament aus früherer Zeit den damaligen Verhältnissen des Erblassers entsprochen hat. Inzwischen haben sich aber möglicherweise die Familien- und Vermögensverhältnisse so geändert, dass das Testament nicht mehr dem entspricht, was der Erblasser eigentlich will.

**GEÄNDERTE VERHÄLTNISSE**

Hat eine Mutter beispielsweise einen Sohn und eine Tochter, ist es möglich, dass es bereits vor Jahren Streit in der Familie gab. Wenn die Mutter vor zehn Jahren ihre Tochter wegen des Streits im Testament enterbt hatte, ist es durchaus möglich, dass Mutter und Tochter sich später wieder versöhnen. Dann ist es an der Zeit, das alte Testament anzupassen. Hat die Mutter das alte Testament vergessen und tut nichts, bleibt es dabei, dass die Tochter enterbt ist. Das entspricht nicht mehr dem mutmaßlichen Willen der Mutter zum Zeitpunkt ihres Ablebens. Da jedoch das alte Testament nicht widerrufen wurde, gilt es weiter. Deshalb ist es wichtig, auch an solche alten Testamente zu denken.

Was Sie bei der Testamentsgestaltung formal beachten müssen, zeigt Ihnen die Checkliste auf der folgenden Seite.

**CHECKLISTE: TESTAMENTSGESTALTUNG**

|  | ja | nein |
|---|---|---|
| Sind Sie testierfähig? | ☐ | ☐ |
| Haben Sie das gesamte Testament vollständig eigenhändig geschrieben? | ☐ | ☐ |
| Haben Sie eigenhändig mit vollem Namen unterschrieben? | ☐ | ☐ |
| Bei Ehegattentestament: Haben beide Ehegatten mit vollem Namen unterschrieben? | ☐ | ☐ |
| Haben Sie das Datum angegeben? | ☐ | ☐ |
| Haben Sie die Erben korrekt bezeichnet? | ☐ | ☐ |
| Haben Sie gegebenenfalls an die Einsetzung von Ersatzerben gedacht? | ☐ | ☐ |
| Wie wirken sich Pflichtteilsrechte aus? | ☐ | ☐ |
| Haben Sie Gegenstände oder Rechte für ein Vermächtnis korrekt und unverwechselbar bezeichnet? | ☐ | ☐ |
| Wo verwahren Sie das Testament? | ☐ | ☐ |

# Pflichtteil und Pflichtteilsergänzungs- ansprüche

Pflichtteilsansprüche können – wenn sie nicht bedacht werden – die gesamte Vermögensnachfolge gefährden, deshalb sollten sie in alle Überlegungen einbezogen werden.

Das Pflichtteilsrecht ist eine Art „Mindesterbrecht", das den Pflichtteilsberechtigten, also insbesondere Kindern und Ehegatten des Verstorbenen, auch dann vom Nachlass bleiben muss, wenn sie enterbt wurden.

**Zuschauerfrage an die Redaktion „Escher – Der MDR-Ratgeber"**

Herr Menzel aus Bad Elster:
„Meine Frau, die vor einem halben Jahr verstorben ist, hatte eine Tochter aus ihrer ersten Ehe. Über diese Tochter hat sie sich sehr geärgert. Die Tochter hat sich von ihr abgewandt und sich seit Jahren nicht mehr um meine Frau gekümmert. Wir hatten ein Ehegattentestament verfasst, in dem wir uns gegenseitig zu Alleinerben eingesetzt haben. Am Ende soll unser gemeinsamer Sohn alles erben. Meine Frau hat immer gesagt, dass die Tochter enterbt wird und nichts bekommen soll. Wieso kriegt die Tochter jetzt doch einen Pflichtteil vom Erbe?"

Ihre Frau hat Ihre Tochter wirksam enterbt. Die Tochter erhält keinen Erbteil, weil sie mit dem Testament enterbt wurde. Als Kind ist sie jedoch pflichtteilsberechtigt. Das bedeutet, dass sie Anspruch auf einen Geldbetrag aus der Erbschaft hat. Diesen Anspruch können Sie ihr nicht verwehren. Den Pflichtteil hätte Ihre Frau der Tochter nur entziehen können, wenn die Tochter beispielsweise versucht hat, Ihre Frau zu ermorden. Die Tochter ist zwar enterbt, bleibt aber trotzdem pflichtteilsberechtigt.

Pflichtteilsberechtigt sind in jedem Fall immer Kinder und Kindeskinder des Erblassers sowie dessen Ehegatte. Wenn keine Kinder vorhanden sind, sind die Eltern des Erblassers pflichtteilsberechtigt. In der Praxis ist es aber eher die Ausnahme, dass Eltern den Pflichtteil nach einem verstorbenen Kind geltend machen.

### Zuschauerfrage an die Redaktion „Escher - Der MDR-Ratgeber"

> Frau Uhlig aus Stuttgart:
> „Vor kurzem ist mein Mann verstorben. Wir haben keine Kinder. Mein Mann hat in seinem Testament bestimmt, dass ich ihn allein beerbe. Jetzt kommt seine Schwester und fordert von mir den Pflichtteil nach meinem Mann. Seine Eltern sind beide vor längerer Zeit verstorben. Ist die Schwester pflichtteilsberechtigt?"

Nein. Die Schwester gehört nicht zum Kreis der pflichtteilsberechtigten Personen. Sie ist kein Abkömmling. Da nur Abkömmlinge, also Kinder bzw. Enkel, der Ehegatte oder Eltern als Pflichtteilsberechtigte in Frage kommen, müssen Sie der Schwester nichts bezahlen.

Das Pflichtteilsrecht für die entsprechende Person entsteht immer nur dann, wenn diese durch ein Testament enterbt wurde. Hinterlässt ein Erblasser zwei Kinder und er hat kein Testament verfasst, erben die beiden Kinder je zur Hälfte als gesetzliche Erben. Hat der Erblasser dagegen eines der Kinder mit einem Testament enterbt und das andere Kind erbt allein, ist das enterbte Kind berechtigt, den Pflichtteilsanspruch geltend zu machen. Ist der Pflichtteilsberechtigte mit einem Testament auf eine winzig kleine Erbquote gesetzt worden, die weit unter seinem Pflichtteil liegt, kann er diese kleine Erbschaft annehmen. Darüber hinaus kann er von den übrigen Erben den Differenzbetrag in Geld fordern, der ihm bis zur Höhe seines Pflichtteils fehlt.

# Wie hoch ist der Pflichtteil?

Der Pflichtteil beträgt die Hälfte des Wertes des gesetzlichen Erbteils. Deshalb müssen Sie immer zuerst ausrechnen, wie hoch der Erbteil des Pflichtteilsberechtigten ohne ein Testament gewesen wäre. Die Hälfte davon entspricht dann dem Wert seines Pflichtteilsrechts.

**EINES VON ZWEI KINDERN ENTERBT**

Hinterlässt ein Erblasser beispielsweise zwei Kinder, die ohne Testament jeweils zur Hälfte geerbt hätten, ist die Pflichtteilsquote für eines dieser Kinder, wenn es mit einem Testament enterbt wurde, halb so groß wie sein gesetzlicher Erbteil. Das bedeutet, dass dieses Kind einen Pflichtteil in Höhe von einem Viertel beanspruchen kann.

Die Höhe des gesetzlichen Erbteils einer pflichtteilsberechtigten Person hängt davon ab, wie viele Erben vorhanden sind und ob gegebenenfalls Eheleute einen Ehevertrag abgeschlossen haben. Demzufolge hängt die Höhe des Pflichtteils für ein Kind von der ganz konkreten Familiensituation ab.

Zunächst sollten Sie prüfen, wie in Ihrer Familie die gesetzliche Erbfolge wäre. Ist ein Kind pflichtteilsberechtigt, ist der Pflichtteil halb so groß wie das gedachte Erbteil.

Bei der Zugewinngemeinschaft hätte ein Kind neben dem Ehegatten ein Viertel des Gesamterbes geerbt. Wurde das Kind enterbt, ist es pflichtteilsberechtigt auf eine Quote von einem Achtel.

**KIND ENTERBT BEI ZUGEWINNGEMEINSCHAFT**

Frau Schulz ist verheiratet und hat zwei Kinder. Mit ihrem Mann lebt sie in Zugewinngemeinschaft. Eines ihrer beiden Kinder hat sie in ihrem Testament enterbt. Das Erbe verteilt sich nach ihrem Tod wie folgt

■ Ehegatte 1/2
□ Pflichtteil Kind 1 1/8
■ Kind 2 1/4

Bei Gütertrennung hätte das Kind ein Drittel des Gesamterbes geerbt. Deshalb beträgt hier der Pflichtteil ein Sechstel vom Nachlass.

**BEISPIEL** **KIND ENTERBT BEI GÜTERTRENNUNG**

Frau Müller ist verheiratet und hat zwei Kinder. Mit ihrem Mann lebt sie in Gütertrennung. Eines ihrer beiden Kinder hat sie in ihrem Testament enterbt. Das Erbe verteilt sich nach ihrem Tod wie folgt

■ Ehegatte 1/3
□ Pflichtteil Kind 1 1/6
■ Kind 2 1/3

Der verbleibende Teil des gesetzlichen Erbes des auf den Pflichtteil gesetzten Erben wird dann je nach Vorgaben im Testament an die Erben verteilt.

## Zuschauerfrage an die Redaktion „Escher – Der MDR-Ratgeber"

Herr Richter aus Villingen-Schwenningen:

„Nachdem meine Frau vor einem halben Jahr verstarb, besteht jetzt einer unserer zwei Söhne auf der Auszahlung seines Pflichtteils. Wir hatten uns mit einem Berliner Testament gegenseitig zum Alleinerben eingesetzt. Wir hätten nie gedacht, dass eines unserer Kinder so etwas tun würde, aber unser Sohn ist seit seiner Heirat völlig verändert. Ich dachte immer, dass die Kinder erst nach dem Tode des Zuletztversterbenden von uns etwas bekommen. Kann er jetzt schon Geld fordern?"

Ja, er kann. Ihr Berliner Testament sagt, dass nach dem Tode des Zuerstversterbenden von Ihnen der überlebende Ehegatte alles bekommt. Zwar haben Sie Ihre Kinder wahrscheinlich als Schlusserben eingesetzt. Dennoch bedeutet das konkret für den ersten Sterbefall eine Enterbung der Kinder. Dies wiederum berechtigt Ihren Sohn dazu, seinen Pflichtteil geltend zu machen.

Ohne Testament hätten Sie zur Hälfte geerbt und Ihre beiden Kinder jeweils zu einem Viertel. Der Pflichtteilsanspruch ist halb so groß wie das gesetzliche Erbteil. Aus diesem Grund beträgt die Pflichtteilsquote für Ihren Sohn ein Achtel.

Der Pflichtteilsanspruch ist immer ein Geldanspruch. Das bedeutet, dass der Pflichtteilsberechtigte nicht etwa die Herausgabe eines Grundstücks, eines

Ölgemäldes oder der Briefmarkensammlung verlangen kann. Vielmehr kann er immer nur Geld fordern. Andererseits ist es aber auch für den Pflichtteilsberechtigten eine bequeme Stellung, denn es ist Aufgabe der Erben, das Geld für die Auszahlung des Pflichtteils zu beschaffen. Ist nicht genug Bargeld im Nachlass vorhanden, müssen sich die Erben darüber Gedanken machen, ob sie einzelne Vermögensgegenstände verkaufen, einen Kredit aufnehmen oder das Geld anderweitig beschaffen. Sind alle Beteiligte damit einverstanden, kann der Pflichtteil auch in Raten gezahlt werden.

## Wann verjährt der Pflichtteil?

Der Pflichtteilsanspruch verjährt nach drei Jahren. Diese Frist beginnt erst dann zu laufen, wenn der Pflichtteilsberechtigte

**1.** Kenntnis vom Tod des Erblassers hat und

**2.** Kenntnis von dem Testament, mit dem er enterbt wurde.

Aus diesem Grund kann diese Dreijahresfrist frühestens mit der Testamentseröffnung beginnen. Hat der Pflichtteilsberechtigte überhaupt nicht erfahren, dass der Erblasser verstorben ist, weil die Erben seine Wohnanschrift nicht kannten oder ihn böswillig verschwiegen haben, hat für ihn die dreijährige Verjährungsfrist nicht begonnen. Spätestens aber nach 30 Jahren ab dem Erbfall wäre der Pflichtteil endgültig verjährt.

### Zuschauerfrage an die Redaktion „Escher – Der MDR-Ratgeber"

Frau Billing aus Grimma:

„Da ich nach der Scheidung meiner Eltern zu meinem Vater keinen Kontakt mehr hatte, habe ich erst jetzt, acht Jahre nach seinem Tod, erfahren, dass er verstorben ist. Das Nachlassgericht hat mir auf meine Anfrage hin vor vier Wochen eine Kopie des Testaments meines Vaters übersandt. In diesem Testament hat er seine neue Ehefrau zur Alleinerbin bestimmt. Diese verweigert mir jetzt meinen Pflichtteil, da der Pflichtteil nach drei Jahren verjährt sei. Bekomme ich jetzt wirklich kein Geld mehr?"

Ihr Pflichtteilsanspruch ist noch nicht verjährt. Es ist zwar richtig, dass der Pflichtteilsanspruch innerhalb von drei Jahren verjährt. Diese Frist von drei Jahren hat aber jetzt erst für Sie begonnen, und zwar in dem Moment, als Sie vom Tod Ihres Vaters und vom Testament erfahren haben. Sollte Ihnen die Zahlung weiterhin verweigert werden, können Sie den Pflichtteil auch einklagen.

### Zuschauerfrage an die Redaktion „Escher – Der MDR-Ratgeber"

Frau Schreiber aus Dresden:

„Nach dem Tode meines Mannes habe ich das Testament beim Nachlassgericht zur Eröffnung abgegeben. Jetzt soll ich in einem Formular dem Nachlassgericht Namen und Anschriften aller Kinder meines Mannes mitteilen. Mein Mann hat ein außereheliches Kind, dessen Anschrift ich zwar kenne, aber ich würde das Kind viel lieber völlig verschweigen. Sind dann drei Jahre vergangen, wäre der Pflichtteilsanspruch dieses Kindes verjährt. Was halten Sie von dieser Idee?"

Diese schlechte Idee sollten Sie lieber ganz schnell vergessen. Sie sind verpflichtet, dem Gericht gegenüber wahrheitsgemäße Angaben zu machen. Außerdem beginnt für das außereheliche Kind die Verjährungsfrist erst in dem Moment zu laufen, wenn es vom Tod und vom Testament erfährt. Geben Sie Namen und Anschrift des Kindes an und bringen Sie die Sache hinter sich. Das ist außerdem viel besser, als die nächsten Jahre in der Angst zu leben, dass dieses Kind sich doch noch meldet und seinen Pflichtteil fordert.

 **NICHT BIS KURZ VOR ABLAUF DER FRIST WARTEN**

Auch wenn drei Jahre für die Geltendmachung des Pflichtteils lang erscheinen, vergeht die Zeit oft schneller, als man denkt. Daher sollten Sie nicht bis kurz vor Fristablauf mit der Geltendmachung des Pflichtteils warten, um dann unter Zeitdruck eine Klage einreichen zu müssen.

Ist ein Ehegatte enterbt, kann auch er Pflichtteilsansprüche geltend machen. Das Pflichtteilsrecht für den Ehegatten ist sehr kompliziert und kommt in der Praxis nur selten vor.

# Wenn Vermögen verschenkt worden ist

Ein bösartiger Erblasser könnte auf den Gedanken kommen, kurz vor seinem Tode sein Vermögen zu verschenken, damit ein pflichtteilsberechtigtes Kind so wenig wie möglich bekommt. Der Pflichtteilsanspruch würde dann ins Leere laufen, wenn zum Todeszeitpunkt kein Vermögen mehr vorhanden ist.

Um derartige böse Tricks zu vermeiden, hat der Gesetzgeber den Pflichtteilsergänzungsanspruch gemäß § 2325 BGB vorgesehen. Dabei werden alle Geschenke des Erblassers der letzten zehn Jahre rechnerisch in den Nachlass einbezogen und von diesem fiktiven höheren Nachlass wird dann der Pflichtteil berechnet. Dabei wird aber nicht etwa das Geschenk rückgängig gemacht. Beispielsweise bleibt ein verschenktes Grundstück im Eigentum des Beschenkten.

**ANRECHNUNG VON SCHENKUNGEN**

Eine Mutter hat zwei Kinder, einen Sohn und eine Tochter, die ohne Testament die Mutter je zur Hälfte beerben würden. Weil die Mutter sich mit ihrer Tochter zerstritten hatte, bestimmte sie mit einem Testament den Sohn zum Alleinerben. Zwei Jahre vor ihrem Tod verschenkte sie ihr Grundstück an den Sohn. Das Grundstück hatte einen Wert von 200.000,00 Euro. Als die Mutter verstarb, verblieben nach Abzug der Nachlassverbindlichkeiten 40.000,00 Euro auf ihrem Konto. Welche Ansprüche hat die enterbte Tochter?

Die Tochter wurde enterbt und ist pflichtteilsberechtigt. Außerdem kann sie in Bezug auf das verschenkte Grundstück Pflichtteilsergänzungsansprüche geltend machen. Da das Grundstück innerhalb der Zehnjahresfrist verschenkt wurde,

> wird der Wert des Geschenks dem tatsächlich vorhandenen Nachlass zugerechnet. Es wird dabei ein sogenannter fiktiver Nachlass gebildet:
>
> | | |
> |---|---|
> | Tatsächlicher Nachlass | 40.000,00 Euro |
> | Verschenktes Grundstück | + 200.000,00 Euro |
> | Fiktiver Nachlass | 240.000,00 Euro |
>
> Da die Tochter ohne Testament zur Hälfte geerbt hätte, ist sie pflichtteilsberechtigt auf eine Quote von einem Viertel von 240.000,00 Euro. Pflichtteils- und Pflichtteilsergänzungsansprüche der Tochter betragen also 60.000,00 Euro. Der Bruder ist Alleinerbe und darf das ihm geschenkte Haus behalten, muss aber insgesamt eine Zahlung von 60.000,00 Euro an seine Schwester vornehmen.

Nach den derzeit geltenden gesetzlichen Bestimmungen gilt für die Bewertung des Geschenkes eine Ganz-oder-Garnicht-Regelung. Wurde innerhalb von 10 Jahren rückwirkend ab dem Todestag verschenkt, wird der volle Wert des Geschenkes in die Berechnung einbezogen. Sind seit der Schenkung 10 Jahre und 1 Tag vergangen, fällt das Geschenk ganz aus der Berechnung heraus. Fehlt dagegen ab Ablauf der 10-Jahres-Frist auch nur 1 Tag, wird das Geschenk in voller Höhe einberechnet. Zum Zeitpunkt der Schenkung weiß der Erblasser jedoch nicht, wie viel Lebenszeit ihm noch verbleibt und ob er den Ablauf der 10-Jahres-Frist erlebt. Damit ist es für den Erblasser und den Beschenkten eine Art „Zitterpartie", ob die 10-Jahres-Frist verstreichen wird. Dies kann im Einzelfall zu Härten führen, wenn am Ablauf der Frist nur wenige Tage fehlen.

Eine für die Zukunft geplante Reform im Erbrecht wird später die Berechnung der Ansprüche verändern und diese Härte mildern. Es ist geplant, dass mit der Reform eine gleitende 10-Jahres-Frist eingeführt werden soll. Danach sollen mit jedem seit der Schenkung verstrichenen Jahr 10% vom Wert des Geschenkes aus der Berechnung herausfallen. Liegt die Schenkung z.B. 3 Jahre vor dem Todestag, werden künftig 70% vom Wert des Geschenkes in die Berechnung einbezogen. Sind seit der Schenkung bereits 9 Jahre vergangen, werden nur noch 10% vom Wert einberechnet. Damit hat in Zukunft auch ein Erblasser im fortgeschrittenen Alter die Möglichkeit mit einer Schenkung Pflichtteilsergänzungsansprüche zu

mindern, auch wenn er die 10-Jahres-Frist nicht in vollem Umfang über-
lebt. Es bleibt abzuwarten, wann die Reform in Kraft tritt.

Der Pflichtteilsergänzungsanspruch setzt nicht zwingend eine Enterbung
voraus. Er kann auch von einem Erben geltend gemacht werden. Erben
beispielsweise zwei Brüder je zur Hälfte nach ihrer Mutter, ist es möglich,
dass am Ende kein Nachlass mehr vorhanden ist, weil die Mutter zu Lebzeiten ihr Grundstück dem einen Sohn überschrieben hat und das restliche
Geld auf dem Konto gerade für die Beerdigung ausgereicht hat. Der andere
Sohn kann dann Pflichtteilsergänzungsansprüche geltend machen im Hinblick auf das verschenkte Grundstück. Ist die Geldforderung aus dem
Pflichtteilsergänzungsanspruch höher als der Nachlass, kann sich der
Pflichtteilsberechtigte durchaus auch an den Beschenkten halten, der dann
den fehlenden Restbetrag zahlen muss.

Hat eines der Kinder den wertvollsten Vermögensgegenstand der Eltern
vor deren Tod geschenkt bekommen, muss der Beschenkte die nächsten
zehn Jahre damit rechnen, dass er im Falle des Todes der Eltern zur Zahlung für den Pflichtteilsergänzungsanspruch herangezogen werden kann.

## Was Sie bei Grundstücksübertragungen beachten sollten

Wurde ein Grundstück verschenkt, sind Besonderheiten zu beachten. Die
Zehnjahresfrist beginnt nicht an dem Tag zu laufen, an dem alle Beteiligte
beim Notar sind. Diese Frist beginnt erst in dem Moment, wenn die Eintragung im Grundbuch vorgenommen wurde, was erfahrungsgemäß meist
zwei bis vier Monate später erfolgt.

Bei verschenkten Grundstücken kommt es darauf an, welchen Wert das
Geschenk hatte. Hat sich der Beschenkte allerdings verpflichtet, die Eltern
im Grundstück zu pflegen und zu versorgen, mindert das den Wert des
Geschenks. Man spricht dann von einer gemischten Schenkung. Es muss
in Bezug auf das Grundstück herausgerechnet werden, wie hoch der ge-
schenkte Anteil ist und in welchem Umfang der Beschenkte eine Gegenleistung erbringen muss.

Wenn Eltern ihr Wohngrundstück auf eines der Kinder übertragen, sichern
sie sich häufig mit einem Wohnrecht für das gesamte Anwesen oder einem
Nießbrauch ab. Damit soll gesichert werden, dass die Eltern auch nach der

Übertragung ungestört dort weiter wohnen können. Haben sich die Eltern jedoch solche umfassende Rechte vorbehalten, haben sie im rechtlichen Sinne noch nichts verschenkt, weil sie kein Opfer aus ihrem Vermögen gebracht haben. Für die Eltern hätte sich mit einem Übertragungsvertrag unter Nießbrauchtsvorbehalt wirtschaftlich nichts geändert. Solche weitgehenden Rechte für die Eltern können dazu führen, dass trotz der Übergabe des Grundstücks die Zehnjahresfrist nicht zu laufen beginnt. Wird dagegen gewünscht, dass diese Frist beginnen soll, können sich die Eltern keinen Nießbrauch vorbehalten, sondern nur ein Wohnrecht, welches aber nicht das gesamte Anwesen umfassen darf.

Maßgeblich für die Wertberechnung des Grundstücks sind

- der Wert zum Zeitpunkt der Schenkung oder

- der Wert zum Todestag.

Diese beiden so ermittelten Werte werden miteinander verglichen. Der niedrigere von beiden Werten ist dann maßgeblich. Hat das beschenkte Kind in der Zwischenzeit aus seinem eigenen Vermögen Geld in das Grundstück investiert und beispielsweise das Dach neu decken lassen, werden solche Investitionen bei der Bewertung nicht berücksichtigt.

## Wer zahlt den Pflichtteilsergänzungsanspruch?

Pflichtteilsergänzungsansprüche richten sich grundsätzlich gegen den Erben. Ist kein Nachlass vorhanden oder verweigert der Erbe die Zahlung, weil er selbst pflichtteilsberechtigt ist und ihm weniger als sein eigener Pflichtteil bliebe, richtet sich der Anspruch gegen den Beschenkten. Der Anspruch gegen den Beschenkten ist dann auf Herausgabe des Geschenks gerichtet, was der Beschenkte jedoch durch Zahlung von Geld abwenden kann. Bis zum Ablauf der Zehnjahresfrist kann sich der Beschenkte nicht sicher sein, ob er für den Pflichtteilsergänzungsanspruch herangezogen wird.

**GESCHENKE UNTER EHEGATTEN**

Für Geschenke an Ehegatten gelten Sonderregelungen. Für den Pflichtteilsergänzungsanspruch können auch Geschenke an Ehegatten mit einbezogen werden, die länger als zehn Jahre zurückliegen. Ausnahmen kann es geben, wenn das Geschenk der Altersabsicherung des anderen Ehegatten dient.

# Wie wird der Pflichtteil ausgezahlt?

Hat ein Pflichtteilsberechtigter erfahren, dass der Erbfall eingetreten und er enterbt worden ist, müsste er einen ganz konkreten Betrag für seinen Pflichtteil fordern. Das kann er aber im Normalfall nicht, weil er die Vermögensverhältnisse des Erblassers nicht kennt. Aus diesem Grunde steht dem Pflichtteilsberechtigten zunächst gegenüber dem Erben ein Auskunftsanspruch zu.

Der Erbe muss eine Aufstellung machen, welche Vermögenswerte zum Todestag vorhanden waren und welche pflichtteilsmindernden Geschenke des Erblassers bekannt sind. Von diesen Vermögenswerten kann der Erbe allerdings die Nachlassverbindlichkeiten absetzen. Nachlassverbindlichkeiten sind beispielsweise die durch den Erbfall entstandenen Kosten wie Beerdigung und Grabstein oder Schulden, die der Erblasser hatte, weil Kredite noch nicht zurückgezahlt sind oder offene Rechnungen beglichen werden müssen.

**AUFFORDERUNG ZUR AUFSTELLUNG DER VERMÖGENSWERTE**

Frau
Hildegard Bingel
Stadtstraße 123
12345 Musterdorf

Dresden, den ...

Sehr geehrte Frau Bingel,

wie ich erfahren habe, ist mein Vater Heinz Bingel am 30.06.2008 verstorben. Er hat ein Testament hinterlassen, wonach Sie Alleinerbin werden. Ich wurde enterbt. Damit bin ich als Sohn pflichtteilsberechtigt.

Ich darf Sie freundlichst darum bitten, über den Bestand des Nachlasses mit einem Bestandsverzeichnis Auskunft zu erteilen. In dieses Nachlassverzeichnis nehmen Sie bitte sämtliche Vermögenswerte und Passiva auf.

Darüber hinaus sind Sie verpflichtet, im Nachlassverzeichnis alle von meinem Vater zu Lebzeiten getätigten Schenkungen einschließlich gemischter Schenkungen und ehebezogener Zuwendungen anzugeben. Gleiches gilt für vorhandene Lebensversicherungen und sonstige Verträge zu Gunsten Dritter, wie beispielsweise Bausparverträge. Diese müssen ebenfalls in das Nachlassverzeichnis aufgenommen werden.

Abschließend weise ich Sie darauf hin, dass Sie das Nachlassverzeichnis mit der erforderlichen Sorgfalt und vollständig zu erstellen haben. Die Richtigkeit Ihrer Angaben haben Sie gegebenenfalls auch eidesstattlich zu versichern.

Ich gehe davon aus, dass wir diese Angelegenheit sicherlich außergerichtlich beilegen können.

Zur Beantwortung meines Schreibens und der Übersendung des Nachlassverzeichnisses mit den dazugehörigen Belegen habe ich mir eine Frist vorgemerkt:

bis zu 4 Wochen.

Ich sehe Ihrer Rückantwort entgegen und verbleibe mit freundlichen Grüßen

(Unterschrift)

## Zuschauerfrage an die Redaktion „Escher – Der MDR-Ratgeber"

Herr Otto aus Berlin-Grünau:

**„Nach dem Tod meines Vaters hat dessen zweite Frau geerbt, die mir jetzt auf meinen Wunsch hin ein Nachlassverzeichnis zugeschickt hat. Von den Nachlasswerten hat sie in dem Verzeichnis nicht nur die üblichen Beerdigungskosten abgezogen, sondern auch die Kosten für die Grabpflege für die nächsten 25 Jahre. Da es sich um einen Betrag von weit über 12.000,00 Euro handelt, möchte ich wissen, ob sie dazu berechtigt ist."**

Die Grabpflege ist keine juristische, sondern vielmehr eine sittliche Verpflichtung. Aus diesem Grund kann die Grabpflege nicht als Nachlassverbindlichkeit abgezogen werden. Abzugsfähig wären die Kosten für eine Erstbepflanzung der Grabstelle, nicht aber die weiteren Pflegekosten für die Bepflanzung.

**STUFENKLAGE HAT VORTEILE**

Falls sich der Erbe weigert, Auskunft zum Nachlass zu geben, können Sie als Pflichtteilsberechtigter den Auskunftsanspruch gerichtlich geltend machen. Dabei ist eine Stufenklage zu empfehlen. In der ersten Stufe dieser Klage wird der Auskunftsanspruch durchgesetzt. Wenn Zweifel an der Richtigkeit der Auskunft bestehen, muss der Erbe in der zweiten Stufe an Eides Statt versichern, dass alle Angaben richtig und wahrheitsgemäß sind. Kennen Sie dann den Nachlass genau, können Sie in der dritten Stufe die konkrete Summe fordern, die Ihrer Pflichtteilsquote entspricht.

Die Stufenklage ist weitaus kostengünstiger, als wenn diese drei Verfahrensstufen jeweils einzeln eingeklagt werden müssten. Außerdem bietet sie den Vorteil, dass eine kurz vor der Verjährung der Ansprüche eingereichte Stufenklage die Verjährung des Zahlungsanspruchs verhindert.

Glücklicherweise lassen sich die meisten Pflichtteilsstreite außergerichtlich – nicht selten mit Unterstützung – lösen. Das ist in jedem Fall die effektivste und kostengünstigste Variante. Gerichtsverfahren können lange dauern und kostenintensiv sein, sodass die Beteiligten in jedem Fall zunächst vorher eine außergerichtliche Beilegung des Streits versuchen sollten.

# Wie Sie Pflichtteils- und Pflichtteils-ergänzungsansprüche abwehren oder mindern

Wenn Sie Kinder haben, können Sie sich nie ganz sicher sein, ob diese, wenn sie etwa in einem Berliner Testament als Schlusserben eingesetzt wurden, nicht doch den Pflichtteil geltend machen. In einem guten Familienklima werden die Eltern davon ausgehen, dass die Kinder keinen Pflichtteil geltend machen. Ein außereheliches Kind dagegen hat nichts zu verlieren und wird nur in seltenen Fällen auf seinen Pflichtteil verzichten wollen. Im Übrigen müssen Sie daran denken, dass auch gute Familienverhältnisse vielleicht nicht bis in die Ewigkeit halten. Häufig entscheiden über die Geltendmachung des Pflichtteils nicht nur die Kinder. In solche Entscheidungen werden de facto meist auch Schwiegerkinder mit einbezogen, und deren Einflüsse können Sie nur schwer kalkulieren. Auch ohne solche fremden Einflüsse können sich Kinder charakterlich zum Guten oder Schlechten ändern und anders entwickeln, als Sie als Eltern dachten.

Keinesfalls ist es immer den Pflichtteilsberechtigten vorwerfen, wenn diese den Pflichtteil geltend machen. Das soll an folgendem Beispiel verdeutlicht werden:

**VATER BLIND VERLIEBT**

Die Eheleute Zimmer sind glücklich verheiratet und haben zwei Kinder. Beide haben in den vielen Jahren der Ehe ein hübsches Vermögen zusammengespart. Die Eheleute haben ein Berliner Testament gemacht und sich gegenseitig zum Alleinerben eingesetzt. Am Ende sollen beide Kinder je zur Hälfte alles erben, wenn der letzte der Eheleute Zimmer stirbt.

Frau Zimmer verstirbt unerwartet. Laut Testament ist der Ehemann Alleinerbe und die beiden Kinder sind enterbt. Sie könnten jeder ihren Pflichtteil in Höhe von einem Achtel geltend machen. Da die Familie in harmonischen Familienverhältnissen lebt, möchten die Kinder das aber nicht. Vielmehr möchten sie einfach stillschweigend ihren Pflichtteil verjähren lassen.

Nach einer Zeit der tiefen Trauer wendet sich Herr Zimmer wieder dem Leben zu und findet eine neue Partnerin. Die Kinder hätten ihrem alten Vater von Herzen eine nette Partnerin gewünscht, mit der er den Lebensabend verbringen und Reisen machen kann. Leider ist die neue Partnerin aber nur auf das Geld des Vaters bedacht. Herr Zimmer ist so verliebt, dass er ihr nach und nach sein ganzes Geld gibt.

Wer will es den Kindern in dieser Situation verdenken, wenn sie Ihren Pflichtteil nach der Mutter geltend machen, der noch nicht verjährt ist?

Es ist ein legitimes Recht des Pflichtteilsberechtigten, seine Ansprüche auf den Pflichtteil durchzusetzen. Genauso ist es aber auch ein legitimes Recht eines Erblassers, mit einem Testament und anderen Maßnahmen Vorsorge zu treffen, dass solche Pflichtteilsansprüche möglichst gering ausfallen.

Haben Sie als Erblasser bei der Planung der Vermögensnachfolge festgestellt, dass Sie möglicherweise oder ganz bestimmt mit Pflichtteilsansprüchen rechnen müssen, gibt es eine Reihe von Maßnahmen, mit denen Sie die Pflichtteilsansprüche abwehren oder mindern können. Die nachfolgenden Hinweise sollen Ihnen helfen, sich den Umgang mit dem Pflichtteil zu erleichtern.

# Entziehung des Pflichtteils wegen schwerer Verfehlungen

Einem Pflichtteilsberechtigten kann der Erblasser nicht nur den Erbteil, sondern auch den Pflichtteil verwehren, wenn dieser sich besonders schwerer Verfehlungen gegenüber dem Erblasser oder seinem Ehegatten schuldig gemacht hat. Das wäre beispielsweise der Fall, wenn die betreffende Person dem Erblasser nach dem Leben getrachtet hatte. Die Verfehlung muss eine gewisse Stärke erreicht haben, die wirklich schwerwiegend ist. Hat ein Kind beispielsweise den Geburtstag der Mutter vergessen oder sich nicht um die Eltern gekümmert, reicht das nicht aus, um den Pflichtteil zu entziehen.

Eine für die Zukunft geplante Reform wird voraussichtlich die bislang unterschiedlichen Pflichtteilsentziehungsgründe für Kinder, Eltern und Ehegatten vereinheitlichen und modernisieren.

Bei der Entziehung des Pflichtteils schreibt der Erblasser in seinem Testament, dass der betreffenden Person der Pflichtteil entzogen werden soll. Die Gründe, die zu dieser Entziehung geführt haben, müssen bei Eintritt des Erbfalls noch vorliegen. Hat der Erblasser beispielsweise seinem Sohn den schändlichen Mordversuch inzwischen verziehen, ist der Vater nicht mehr berechtigt, dem Sohn den Pflichtteil zu entziehen.

**Zuschauerfrage an die Redaktion „Escher – Der MDR-Ratgeber"**

> Herr Galenius aus Ostrau:
>
> „Meinen Sohn, der jetzt schon über 30 ist, kenne ich eigentlich nicht. Ich bin als sein außerehelicher Vater festgestellt worden und habe immer regelmäßig für ihn Unterhalt gezahlt. In der Vergangenheit habe ich mehrfach versucht, mit ihm in Kontakt zu treten und ihn zu treffen. Das hat er immer abgelehnt. Selbst als ich im letzten Jahr im Krankenhaus war, hat er mich nicht besucht, obwohl ich ihn schriftlich darum gebeten hatte. Da er sich nicht für mich interessiert, möchte ich ihn nicht nur mit einem Testament enterben, sondern ihm auch den Pflichtteil entziehen. Bin ich dazu berechtigt?"

Nein, das dürfen Sie nicht. In Ihren Augen ist es eine moralische Verfehlung Ihres Sohnes, dass er sich nicht für Sie interessiert. Eine schwere Verfehlung gegen Sie im juristischen Sinne liegt jedoch nicht vor. Wer weiß, welche Gründe zu der Ablehnung Ihres Sohnes führten? Vielleicht hat er einen Stiefvater, der für ihn die Vaterstelle eingenommen hat. Vielleicht war es seiner Mutter nicht recht, wenn er Kontakt zu Ihnen gehabt hätte. Sein Verhalten rechtfertigt keine Entziehung des Pflichtteils. Sie können Ihren Sohn zwar enterben, pflichtteilsberechtigt bleibt er dennoch.

**JURISTISCHE HILFE IN ANSPRUCH NEHMEN**

Die Entziehung des Pflichtteils sollten Sie nicht ohne juristische Hilfe versuchen, da es sich um eine rechtlich schwierige Hürde handelt. In einem solchen Testament müssen Sie eine Reihe von Formvorschriften beachten, damit die Entziehung auch wirksam ist. So müssen Sie beispielsweise die schwere Verfehlung, die zur Pflichtteilsentziehung führt, ausführlich schildern.

# Pflichtteilsbeschränkung in guter Absicht

Gegenwärtig kommt es leider nicht selten vor, dass ein Kind oder Enkel überschuldet ist. Wenn ein überschuldetes Kind erbt oder den Pflichtteil geltend macht, hat das Kind selbst nichts davon. Die eigentliche Freude haben die Gläubiger, die sich darüber freuen, dass endlich pfändbares Vermögen vorhanden ist. Die Pflichtteilsbeschränkung in guter Absicht ist ein geeignetes Mittel, um zu verhindern, dass die Gläubiger des überschuldeten Kindes das Vermögen erhalten und dieses Geld der Familie verloren geht. Eine solche Regelung sollten Sie nach Möglichkeit mit dem überschuldeten Kind abstimmen.

Ähnlich wie bei einer Vor- und Nacherbschaft erhält das überschuldete Kind zwar einen Anteil an der Erbschaft, aber mit der Maßgabe, dass nach seinem Tod die Erben des überschuldeten Kindes diesen Anteil erhalten. Bis dahin können zumindest von den Zinsen des Geldes für das überschuldete Kind Naturalien gekauft werden, die nicht pfändbar sind, z. B. Bekleidung oder Lebensmittel.

### Zuschauerfrage an die Redaktion „Escher – Der MDR-Ratgeber"

Frau Hauswald aus Ottendorf-Okrilla:

„Kurz nach der Wende hat mein Mann eine Firma eröffnet. Am Anfang lief alles sehr gut. Später kam die böse Überraschung. Sein Geschäftspartner hatte Gelder veruntreut und die Firma ging Pleite. Mein Mann ist sehr hoch verschuldet. Vor einem halben Jahr habe ich von meinen Eltern eine große Erbschaft erhalten. Kann ich meinen Mann zum Erben einsetzen, wenn ich für ihn die Pflichtteilsbeschränkung in guter Absicht ausspreche?"

Nein, das geht nur bei Abkömmlingen wie Kindern oder Enkeln. Für den Ehepartner ist das nicht möglich. Sie sollten überlegen, ob es nicht ausreicht, wenn Ihr Mann beispielsweise ein Wohnrecht am Haus erhält. Vielleicht sollten Sie im Fall Ihres Todes besser Ihre Kinder zu Erben einsetzen.

**NICHT OHNE JURISTISCHEN RAT**

Auch hier sollten Sie das Testament nicht ohne juristischen Rat verfassen, da es sich um eine komplizierte Regelung handelt.

# Der Pflichtteilsverzichtsvertrag

Hat ein Kind notariell auf seinen Pflichtteil verzichtet, kann es sich das später nicht wieder anders überlegen. Dieser Verzicht ist nicht nur für das Kind wirksam, er wirkt sich auch auf die Kinder dieses Kindes, also die Enkel, aus, kurz: auf den gesamten Stamm. Weder das Kind noch die Enkel können den Pflichtteil geltend machen.

Ein Pflichtteilsverzichtsvertrag muss zwingend vor dem Notar geschlossen werden.

- Sind gemeinsame Kinder als Schlusserben der Eltern bestimmt, werden sie meistens freiwillig und ohne Gegenleistung auf Wunsch der Eltern auf ihren Pflichtteilsanspruch verzichten, wenn sie solche Ansprüche ohnehin nie geltend machen würden.

- Ein Pflichtteilsverzicht kann auch gegen eine Geldzahlung erfolgen. Haben sich beispielsweise ein außereheliches Kind und dessen Vater auf einen Pflichtteilsverzichtsvertrag geeinigt, ist eine Gegenleistung üblich, die zwischen beiden ausgehandelt werden muss.

Zu einem Pflichtteilsverzichtsvertrag kann man aber niemanden zwingen. Die Eltern müssen überlegen, ob sie das Thema überhaupt ansprechen wollen und ob sie gegebenenfalls zu einer Gegenleistung bereit sind. Das

Kind kann sich überlegen, ob es für eine Gegenleistung oder ohne Gegenleistung unterschreibt bzw. ob es überhaupt unterschreiben möchte.

### Zuschauerfrage an die Redaktion „Escher – Der MDR-Ratgeber"

Herr Bernhardt aus Chemnitz:

„Vor fünf Jahren haben wir mit unseren drei Kindern zu Hause ein Schriftstück aufgesetzt, dass alle drei Kinder auf ihren Pflichtteil verzichten, wenn einer von uns Eheleuten verstirbt. Meine Frau ist vor einem halben Jahr verstorben. Wir hatten uns gegenseitig zum Alleinerben eingesetzt. Jetzt will die Tochter ihren Pflichtteil haben, obwohl sie damals unterschrieben hatte, dass sie darauf verzichtet hat. Ist der Verzicht wirksam?"

Dieser Verzicht ist leider nicht wirksam, da er privatschriftlich ohne Notar erklärt wurde. Ein Pflichtteilsverzicht kann jedoch nur vor einem Notar erklärt werden, sodass diese Erklärung Ihrer Tochter lediglich moralische Wirkung hat, aber keine juristische. Damit kann sie ihren Pflichtteil fordern.

## Geschenk auf Pflichtteil anrechnen

Macht ein Erblasser einem Kind ein Geschenk, kann er bei Übergabe des Geschenks anordnen, dass das Kind sich dieses Geschenk später auf seinen Pflichtteil anrechnen lassen muss. Zu Beweiszwecken sollte man das schriftlich abfassen und sich vom Beschenkten bestätigen lassen.

Eine solche Regelung bietet sich zum Beispiel an, wenn Eltern einem Kind zum Hausbau einen Geldbetrag geben wollen. Bei diesem Geschenk sollte gleichzeitig angeordnet werden, dass das Kind sich das Geschenk später auf seinen eventuellen Pflichtteil anrechnen lässt.

**GLEICH BEI DER SCHENKUNG AN DIE ANORDNUNG DENKEN**

Wurde diese Anordnung bei der Schenkung vergessen, kann sie später nicht nachgeholt werden. Deshalb muss man gleich bei der Schenkung daran denken.

Die geplante Reform im Erbrecht wird künftig bei der Anrechnung der Schenkung eine Erleichterung schaffen. Ab Inkrafttreten der Reform soll es dem Erblasser möglich sein, dass er die Anrechnung nachträglich in seinem Testament anordnen kann, wenn er das zum Zeitpunkt der Schenkung vergessen hat.

# Vor- und Nacherbfolge

Diese Lösung bietet sich oft an, wenn es in einer Ehe nicht nur gemeinsame Kinder gibt, sondern beispielsweise der Mann ein außereheliches Kind hat, das weniger bekommen soll als die gemeinsamen Kinder.

Verstirbt bei den Eheleuten der Ehemann zuerst, wird das außereheliche Kind seinen Pflichtteil fordern, was nicht zu verhindern ist und dem Kind auch zusteht. Verstirbt dagegen die Ehefrau zuerst, wäre es nachteilig, wenn sie ihren Ehemann zum normalen Alleinerben macht. Wenn er dann später als zweiter verstirbt, muss der Pflichtteil damit nicht nur auf das Vermögen des Ehemannes gezahlt werden, sondern auch auf das Vermögen, welches er vorher von seiner Ehefrau geerbt hatte.

**KEINE SPEKULATIONEN ÜBER DIE LEBENSERWARTUNG**

Auch wenn Statistiken aussagen, dass Männer eine etwas kürzere Lebenserwartung als Frauen haben, ist in einer Ehe völlig offen, welcher von beiden Partnern zuerst versterben wird. Denken Sie deshalb auch an den Fall, dass die Ehefrau vor ihrem Mann verstirbt.

Verstirbt die Ehefrau zuerst, sollte versucht werden, den Ehemann in den Besitz des Vermögens der Frau zu bringen, ohne ihn reicher zu machen. Ansonsten würde diese Erbschaft sein Vermögen vergrößern und den Pflichtteilsanspruch für das außereheliche Kind erhöhen.

Das lässt sich dadurch vermeiden, dass in diesem Fall die Ehefrau ihren Mann zum Vorerben macht und die gemeinsamen Kinder zu Nacherben. Wird der Ehemann lediglich Vorerbe, wird er sozusagen Erbe auf Zeit und muss spätestens in der Sekunde seines Todes die Vorerbschaft an die im Testament bereits genannten Nacherben, die gemeinsamen Kinder, weitergeben.

Damit besitzt der Ehemann zwei verschiedene Vermögen, die sich nicht miteinander vermischen: Er besitzt

1.  das Vermögen, das ihm schon vor dem Tod seiner Frau gehörte, und

2.  als Vorerbe das Vermögen seiner verstorbenen Frau.

Verstirbt der Ehemann später nach seiner Frau, wird das von ihr ererbte Vermögen weitergegeben an die gemeinsamen Kinder. Damit ist das von der Frau geerbte Vermögen nicht Nachlassbestandteil beim Tod des Ehemannes. Das pflichtteilsberechtigte Kind erhält seinen Pflichtteil nach dem Tod des Mannes. Dieser wird aber nur aus dem Vermögen des Mannes berechnet, das dieser schon immer hatte. Die Vorerbschaft nach seiner Frau bleibt bei dieser Berechnung unberücksichtigt.

Das ist ein völlig legaler Weg, um dem Ehemann auf Lebenszeit die Vorteile des Vermögens der Frau zukommen zu lassen, ohne ihn aber wirklich reicher zu machen. Ein solches Testament sollten Eheleute nicht ohne juristischen Rat gestalten.

## Strafe, wenn Kind auf Pflichtteil besteht

Pflichtteilsstrafklauseln verbieten die Geltendmachung des Pflichtteils nicht, machen diese aber unlukrativ. Die übliche Strafklausel bei gemeinsamen Kindern in einem Berliner Testament sollte folgenden Wortlaut haben:

> „Sollte eines unserer Kinder entgegen dem Wunsch des überlebenden Ehegatten nach dem Tode des Zuerstversterbenden von uns den Pflichtteil geltend machen, soll es nach dem Tode des Zuletztversterbenden auch nur den Pflichtteil erhalten und mit seinem gesamten Stamm von der Erbfolge ausgeschlossen sein."

Damit bekommt das jenige Kind, welches sich nicht an den Wunsch der Eltern hält und bereits nach dem Tode des ersten Elternteils Geld fordert, am Ende auch nur den Pflichtteil. Diese beiden Pflichtteilsansprüche des „ungehorsamen Kindes" sind wertmäßig geringer als der hälftige Erbteil, den das Kind sonst zu erwarten hätte, wenn es „brav" gewesen wäre.

### Zuschauerfrage an die Redaktion „Escher – Der MDR-Ratgeber"

> Frau Irmscher aus Griesheim:
> „Gute Freunde von uns haben uns ihr Testament gezeigt. Ebenso wie mein Mann und ich haben sie sich gegenseitig zu Alleinerben eingesetzt. Am Schluss sollen die Kinder erben. Unsere Freunde haben anders als wir in ihrem Testament eine Pflichtteilsstrafklausel. Müssen wir das auch in unser Testament aufnehmen? Klingt das nicht ein bisschen hart gegen die Kinder? Eigentlich traue ich unseren Kindern nicht zu, dass sie vom Überlebenden Geld fordern."

Es ist Geschmackssache, ob Sie eine Pflichtteilsstrafklausel in Ihr Testament aufnehmen wollen. Es spricht allerdings viel dafür. Auch Sie können nicht genau wissen, ob Ihre jetzt „braven" Kinder sich nicht später ändern oder vielleicht sogar in eine finanzielle Zwangslage kommen. Mit der Pflichtteilsstrafklausel erhöhen Sie die Sicherheit für den überlebenden Ehegatten. Eine zu harte Formulierung ist es nicht. Schließlich drohen Sie nur dem Kind mit Nachteilen, das vom überlebenden Ehegatten seinen Pflichtteil fordert und Ihnen Ärger macht.

Pflichtteilsstrafklauseln sind kein Allheilmittel, aber bei normalen Familienverhältnissen sehr wirksam. Handelt es sich nicht um gemeinsame Kinder, sondern ausschließlich oder teilweise um Kinder, die nur mit einem Ehegatten verwandt sind, müssen Strafklauseln anders formuliert werden. Der genaue Wortlaut hängt von der individuellen Familiensituation ab.

## Überspringen in der Erbfolge

Denken wir uns eine Familie mit einem Großvater, einem Vater und einem Sohn. Dieser Sohn hat ein Kind aus einer früheren Ehe, zu dem der Großvater schon seit Jahren keinen Kontakt mehr hat. Setzt der Großvater seinen Sohn zum Erben ein, wird der Sohn durch die Erbschaft reicher. Verstirbt der Sohn selbst, wird sein außereheliches Kind Pflichtteilsansprüche geltend machen. Durch die Erbschaft vom Großvater vergrößern sich auch diese Pflichtteilsansprüche des Kindes.

Der Großvater möchte aber, dass sein jüngster Enkel aus der jetzigen Ehe seines Sohnes das Vermögen möglichst ungeschmälert erhält. Hier kann es ratsam sein, den Sohn in der Erbfolge zu überspringen. Möglicherweise setzt der Großvater seinen Enkel gleich zum Erben ein oder der Enkel erhält ein großes Geldvermächtnis.

Eine solche Regelung sollten Sie aber unbedingt innerhalb der Familie abstimmen, damit der übergangene Sohn dann nicht enttäuscht ist. Gleichzeitig muss der minderjährige Enkel daran gehindert werden, die Erbschaft des Großvaters unüberlegt auszugeben.

## Wahl des Güterstandes

Wie bereits im Eingangskapitel dargestellt, kann die Wahl des Güterstandes die Erbquote und damit die Höhe des Pflichtteils für Kinder ändern. Ist in einer Ehe mehr als ein Kind vorhanden, wirkt sich die Gütertrennung für den Ehegatten nachteilig aus. Die Kinder haben eine höhere Erbquote und könnten damit auch einen höheren Pflichtteil fordern.

Hat ein Ehepaar vielleicht in früheren Jahren etwas unüberlegt in einem Notarvertrag Gütertrennung vereinbart, kann es im Einzelfall sinnvoll sein, in einem neuen Notarvertrag diese Gütertrennung wieder aufzuheben. Dort kann das Ehepaar dann entweder ganz normal die Zugewinngemeinschaft vereinbaren oder diese Zugewinngemeinschaft in einzelnen kleinen Detailfragen abwandeln und modifizieren.

### Zuschauerfrage an die Redaktion „Escher - Der MDR-Ratgeber"

Herr Heilmann aus Schönefeld:

„Ich bin seit fast 20 Jahren mit meiner Frau verheiratet. Wir haben gemeinsam drei Kinder. Vor 13 Jahren haben wir mit einem notariellen Ehevertrag Gütertrennung vereinbart. Es hieß damals, dass meine Frau dann nicht für die Schulden meines Betriebs haften würde. Inzwischen haben wir festgestellt, dass uns die Gütertrennung mehr Nachteile als Vorteile bringt. Reicht es aus, wenn wir beide jetzt zu Hause schriftlich vereinbaren, dass wir die Gütertrennung nicht mehr wollen?"

Nein. Ebenso wie die Vereinbarung eines Güterstandes müssen Sie dessen Aufhebung von einem Notar beurkunden lassen. Wenn Sie das nur zu Hause privatschriftlich vereinbaren, ist es nicht wirksam und Sie haben noch immer die Gütertrennung.

## Sonderregelungen bei behinderten Kindern

Haben Eltern ein behindertes Kind, möchten sie im Erbfall einerseits dem Kind einen Teil des Vermögens zukommen lassen, aber andererseits verhindern, dass das Sozialamt das geerbte Geld sofort für Heim- und Unterbringungskosten verwendet. Es ist ein legitimer Wunsch von Eltern eines behinderten Kindes, dass sie den Zugriff des Sozialamts auf die Erbschaft des behinderten Kindes verhindern wollen. Der Bundesgerichtshof hat bereits mehrfach bestätigt, dass eine derartige Testamentsgestaltung nicht sittenwidrig ist.

Es geht nicht darum, das behinderte Kind zu Lasten der Allgemeinheit zu benachteiligen. Es geht darum, wie die Eltern dem behinderten Kind mit den Mitteln aus der Erbschaft das Leben erleichtern und angenehmer gestalten. Das ist möglich im Rahmen eines sogenannten Behindertentestaments.

In einem solchen Fall muss das Kind im Rahmen einer Vor- und Nacherbfolge einen Erbteil erhalten, der etwa zwei bis drei Prozent höher liegt als der Pflichtteilsanspruch des Kindes. Wenn die Eltern das wünschen, kann die Erbquote für das behinderte Kind auch deutlich höher sein oder das Kind kann sogar Alleinerbe werden. Bereits dann, wenn der erste Elternteil verstirbt, muss das behinderte Kind einen Erbteil unter diesen Maßgaben erhalten und darf nicht enterbt werden.

Zusätzlich muss der Erbteil des behinderten Kindes unbedingt unter Testamentsvollstreckung gestellt werden. Der Testamentsvollstrecker kann von den Zinsen, die der Erbteil des Kindes einbringt, für das Kind Naturalien kaufen, auf die das Sozialamt keinen Zugriff hat. Es kann sich dabei beispielsweise um Geburtstags- oder Weihnachtsgeschenke handeln oder um entwicklungsgerechten Hobby- und Bastelbedarf. Auch die Übernahme von Kosten einer Ausflugsfahrt des Behindertenheims oder Kostenübernahme von zusätzlichen Reittherapien sind möglich.

Die konkrete Ausgestaltung müssen sich die Eltern überlegen, die ihr Kind mit seinen Wünschen und Bedürfnissen am besten kennen. Dabei müssen sie aber beachten, dass angesichts der relativ niedrigen Zinseinnahmen nicht alles finanziert werden kann, was für das behinderte Kind wünschenswert wäre.

 **JURISTISCHE HILFE IN ANSPRUCH NEHMEN**

Solche Gestaltungen sollten Eltern eines behinderten Kindes nur mit juristischer Hilfe wählen, da das Behindertentestament außerordentlich kompliziert ist.

# Was tun im Erbfall?

Wenn ein Sterbefall eintritt, sind die Angehörigen bzw. künftigen Erben meist überfordert und wissen nicht, wie sie sich in dieser Situation verhalten sollen. Zu der persönlichen Trauer kommt die Notwendigkeit einer Reihe von Formalitäten und Erledigungen.

Unmittelbar nach Ableben einer Person muss ein Arzt den Tod amtlich feststellen. Ist der Sterbefall in einem Krankenhaus eingetreten, müssen sich die Angehörigen darum nicht kümmern. Bei einem Sterbefall zu Hause muss unverzüglich ein Arzt verständigt werden, der dann den Totenschein ausstellt. Sollte der Arzt bei der Untersuchung des Verstorbenen feststellen, dass dieser keines natürlichen Todes gestorben ist, wird er das auf dem Totenschein vermerken. Dann wird die Polizei eingeschaltet, die Ermittlungen anstellt, ob möglicherweise eine Straftat vorliegt. Erst nach Abschluss derartiger polizeilicher Ermittlungen wird die Leiche zur Bestattung freigegeben.

Unmittelbar nach Ableben des Verstorbenen sollte auch die Frage der Organentnahme geklärt werden.

- Hatte der Verstorbene beispielsweise durch einen Organspendeausweis sein ausdrückliches Einverständnis zu einer Organentnahme erklärt, können Mediziner nach zweifelsfreier Feststellung des Todes Organe entnehmen.

- Hatte die verstorbene Person ausdrücklich eine Organentnahme verboten, muss eine solche unterbleiben.

- Ist nichts geregelt, entscheiden die nächsten Angehörigen. Das sind zunächst der Ehegatte oder der eingetragene Lebenspartner einer gleichgeschlechtlichen eingetragenen Lebenspartnerschaft. Ist kein Ehegatte vorhanden, entscheiden die volljährigen Kinder. Gibt es keine Kinder oder sind diese nicht erreichbar, müssen Eltern, volljährige Geschwister oder Großeltern entscheiden.

## Zuschauerfrage an die Redaktion „Escher - Der MDR-Ratgeber"

Frau Lehmann aus Sonneberg:
„Meine verstorbene Mutter war Ärztin und hat schriftlich verfügt, dass nach ihrem Tode ihr Körper der Anatomie für junge Studenten zur Verfügung gestellt werden soll. Da ich diesen Gedanken grauenvoll finde, möchte ich das eigentlich nicht und lieber eine normale Bestattung durchführen. Muss ich diesen letzten Willen meiner Mutter befolgen?"

Der letzte Wille Ihrer Mutter ist ein moralischer Appell an Sie, den Sie befolgen sollten, aber nicht befolgen müssen. Sie können nicht gezwungen werden, den Körper Ihrer Mutter der Anatomie zur Verfügung zu stellen.

Sie sollten aber dennoch überlegen, ob es nicht Gründe gibt, diesen letzten Willen Ihrer Mutter zu respektieren, wenn sie als frühere Medizinerin ihren Körper der Wissenschaft bzw. der Ausbildung von Medizinstudenten zur Verfügung stellen möchte. Im Übrigen werden die späteren Beisetzungen, wenn der Körper in der Anatomie nicht mehr benötigt wird, sehr feierlich ausgestaltet. Es ist meist üblich, dass sich Vertreter der zuständigen Universitätsklinik bzw. auch der Studentenschaft in einer Trauerrede beim Verstorbenen und den Angehörigen bedanken und würdigen, dass dieser Körper der Wissenschaft dienen durfte.

 **BEISTAND SUCHEN**

Es ist empfehlenswert, dass der Angehörige des Verstorbenen weitere Personen benachrichtigt, die den Angehörigen moralisch unterstützen können. In einer solchen Situation sollte man Personen des Vertrauens bei sich haben, die helfend zur Seite stehen. Das sind beispielsweise zunächst der Ehegatte, Lebensgefährte, Freunde oder, wenn es keine gibt, die Kinder des Verstorbenen.

# Wer darf die Bestattung organisieren?

Diejenigen Angehörigen, die zur Totenfürsorge berechtigt sind, müssen sich mit einem Bestattungsunternehmen in Verbindung setzen. Totenfürsorgeberechtigt sind in erster Linie der Ehegatte oder der eingetragene gleichgeschlechtliche Lebenspartner und in zweiter Linie die Kinder. Erst dann, wenn weder Ehegatte noch Kinder vorhanden oder erreichbar sind, kommen die sonstigen Angehörigen wie Geschwister oder Eltern in Frage. Die totenfürsorgeberechtigten Angehörigen müssen nicht zwangsläufig zugleich Erben des Verstorbenen sein.

**Zuschauerfrage an die Redaktion „Escher – Der MDR-Ratgeber"**

Herr Behrens aus Coburg:
„Unser Sohn ist vor fünf Tagen nach langer, schwerer Krankheit verstorben. Er war verheiratet und hatte ein Kind. Zu unserer Schwiegertochter hatten wir kein gutes Verhältnis. Sie hat unsere Familie immer abgelehnt und wollte mit uns nichts zu tun haben. Das setzt sich auch jetzt, nach dem Tode unseres Sohnes, fort. Meine Frau und ich wollen, dass unser Sohn in unserer Familiengrabstätte beigesetzt wird. Wir wären auch bereit, die Bestattungskosten zu übernehmen. Das lehnt unsere Schwiegertochter kategorisch ab. Sie sagt, wir hätten uns dauernd in sein Leben eingemischt. Sie will ein Stück entfernt von unserer alten Familiengrabstätte ein neues Doppelgrab nehmen und unseren Sohn dort bestatten lassen. Außerdem meint sie, dass sie mit unserem Sohn über dieses Thema gesprochen habe und er das so wollte. Das können wir uns beim besten Willen nicht vorstellen. Können wir die Schwiegertochter mit rechtlichen Mitteln zwingen, die Bestattung in der alten Familiengrabstätte vornehmen zu lassen?"

Nein. Maßgeblich ist in erster Linie, welche Wünsche Ihr Sohn im Hinblick auf die Bestattung geäußert hat. Selbst dann, wenn er keine Wünsche geäußert hat oder Sie nicht recht glauben wollen, dass Ihr Sohn diesen Wunsch geäußert hat, ist Ihre Schwiegertochter als Ehegatte in erster Linie totenfürsorgeberechtigt. Sie allein kann bestimmen, wo Ihr Sohn bestattet wird. Sie und Ihre Frau sind zwar ebenfalls totenfürsorgeberechtigt, aber

in der Rangfolge erst hinter der Ehefrau und den Kindern. Ihre Schwiegertochter ist also berechtigt, eine neue Grabstätte zu nehmen, und muss
nicht auf Ihr Angebot eingehen, dass die Bestattung in der Familiengrabstätte vorgenommen wird.

Bei den nächsten zu erledigenden Schritten und Formalitäten wird sicher
der Bestattungsunternehmer helfen. Solche Hilfe kann beispielsweise darin
bestehen, den Totenschein beim Standesamt abzugeben, das dann auch die
Sterbeurkunde ausstellt. Außerdem kann der Bestatter sich beispielsweise
mit dem Rentenversicherungsträger in Verbindung setzen und dort mitteilen, dass der Todesfall eingetreten ist. Viele Wege und Formalitäten kann
der Bestattungsunternehmer abnehmen, was aber jeweils im Einzelfall individuell zu besprechen ist.

Die Art und Weise der Ausgestaltung der Bestattung hängt in erster Linie
davon ab, was die verstorbene Person selbst gewünscht hatte. Sind solche
Wünsche nicht bekannt, entscheiden die bereits genannten totenfürsorgeberechtigten Angehörigen des Verstorbenen.

 **AUSWAHL DES BESTATTERS**

Gibt es mehrere Bestattungsunternehmen am Ort, ist es manchmal schwierig,
das geeignete Unternehmen zu beauftragen. Bei der Auswahl sollten Sie sich
auf die Mundpropaganda und die Erfahrungen anderer Verwandter oder Freunde stützen, die selbst kürzlich eine Beerdigung organisieren mussten. Hilft auch
das nicht weiter, können Sie in den Gelben Seiten nachschlagen, welcher Bestattungsunternehmer sich in der Nähe befindet.

Bevor der Bestattungsunternehmer kommt, sollten sich die Angehörigen
grundsätzlich darüber im Klaren sein, ob es sich um eine Erd- oder eine
Feuerbestattung handeln soll bzw. ob eine kirchliche oder eine weltliche
Feier gewünscht wird. Außer Erd- und Feuerbestattung gibt es noch die
Möglichkeit einer sogenannten Seebestattung. Dabei wird von einem
Schiff aus die Urne im Meer versenkt. Neuerdings gibt es auch die Welt-
raumbestattung, bei der ein Teil der Asche einem Satelliten beigefügt wird,

der dann später in der Erdatmosphäre verglüht. Von der Erde aus könnte man meinen, dass es sich um eine Sternschnuppe handelt.

### Zuschauerfrage an die Redaktion „Escher – Der MDR-Ratgeber"

Frau Weise aus Freital:

„Mein verstorbener Vater war aus der Kirche ausgetreten, weil er Kirchensteuern sparen wollte. Ist es dennoch möglich, dass eine kirchliche Beerdigung durchgeführt wird?"

Sie haben zwar keinen Anspruch darauf, dass eine kirchliche Feier durchgeführt wird, aber der jeweilige Geistliche kann im Einzelfall entscheiden, dass ein Gottesdienst auch bei einem Kirchenaustritt des Verstorbenen möglich ist. Wenden Sie sich an den zuständigen Pfarrer und sprechen Sie mit ihm über diese Frage.

Die Preise für eine Beerdigung können zwischen ca. 1.500 und 5.000 Euro oder auch weit darüber liegen, je nachdem, wie aufwändig die Bestattung durchgeführt werden soll. Wer das Gefühl hat, dass die Kosten unangemessen hoch ausfallen würden, kann durchaus auch ein Angebot eines anderen Bestattungsunternehmens einholen. Der Aufwand für die Beerdigung sollte den Vermögens- und Lebensverhältnissen des Verstorbenen entsprechen. Hat der Erblasser nur wenig Geld hinterlassen, wäre eine sehr aufwändige Beerdigung sicherlich nicht angemessen.

### Zuschauerfrage an die Redaktion „Escher – Der MDR-Ratgeber"

Frau Reuter aus Güstrow:

„Obwohl ich die Erbschaft nach meinem Vater ausgeschlagen habe, will jetzt das Ordnungsamt vom Sterbeort meines Vaters in Brandenburg, dass ich die Beerdigung bezahle. Zu meinem Vater hatte ich keinen Kontakt. Er war nicht verheiratet und alle meine jüngeren Geschwister haben ebenfalls die Erbschaft ausgeschlagen. Ich selbst bin Sozialhilfeempfänger und kann nicht zahlen. Trotzdem will die Stadtverwaltung das Geld von mir. Muss ich wirklich zahlen?"

Hat das Ordnungsamt die Bestattung organisiert, weil zunächst keine Angehörigen ermittelt werden konnten und sich keiner um die Beerdigung
gekümmert hat, kann es sich an die Erben halten. Sind keine Erben vorhanden, sind zunächst der Ehegatte oder, falls es keinen gibt, die Kinder
für die Kosten verantwortlich. Die Bestattungsgesetze der einzelnen Bun-
desländer regeln unterschiedlich, ob alle Kinder oder nur das älteste
herangezogen werden können. In Brandenburg, dem Sterbeort Ihres Vaters, ist das älteste Kind, also Sie, verantwortlich. Sie selbst sind Sozialhilfeempfänger und nicht leistungsfähig. Sie müssen sich jedoch zunächst an
die anderen Geschwister halten. Auch wenn Kinder nicht Erben sind, können sie im Rahmen einer Art Unterhaltspflicht für den Vater für dessen
Bestattungskosten herangezogen werden. Sind auch Ihre Geschwister nicht
leistungsfähig, können Sie sich an das Sozialamt wenden, ob es die Kosten
übernimmt. Zuständig ist das Sozialamt am Wohnsitz Ihres Vaters.

Die nächsten Überlegungen müssen dem Zeitpunkt der Beerdigung, Trauerfeier bzw. Urnenbeisetzung gelten. Weiterhin müssen Sie überlegen, welche Personen von der Trauerfeier informiert werden sollen. Auch hier sollten Sie sich an den Wünschen des Verstorbenen orientieren bzw. wenn er
keine solchen Wünsche geäußert hat, das veranlassen, was er sich wahrscheinlich gewünscht hätte.

### Frieden halten

Während der Feierlichkeiten auf dem Friedhof gebietet es die Pietät, dass
alle Angehörigen und Freunde Frieden halten, auch wenn es vielleicht
schon seit Jahren Familienzwistigkeiten gab oder der Streit um das Erbe
bereits entbrannt ist. Ein Friedhof ist ein Ort der Trauer und des Friedens.
Streitigkeiten gehören nicht hierher!

In den meisten Gegenden ist es üblich und wird allgemein gewünscht und
erwartet, dass nach der Feierlichkeit auf dem Friedhof entweder in einer
Gaststätte oder zu Hause ein Imbiss gereicht wird.

### Zuschauerfrage an die Redaktion „Escher – Der MDR-Ratgeber"

> Frau Bernhardt aus Chemnitz:
>
> „In der nächsten Woche soll die Beerdigung meines Mannes stattfinden. Zu seiner Tochter aus der geschiedenen ersten Ehe hatte er keinen Kontakt. Er hat immer gesagt, er möchte nicht, dass sie mal zu seiner Beerdigung kommt. Ich dagegen finde eigentlich, dass es sich gehört, die Tochter vom Tod und von der Beerdigung zu benachrichtigen. Muss ich diesen Wunsch meines Mannes erfüllen, die Tochter nicht zu benachrichtigen?"

Über diesen Wunsch Ihres Mannes können Sie sich hinwegsetzen. Sie können die Beerdigung so ausgestalten, wie Sie das für richtig halten. Dieser Wunsch Ihres Mannes ist ein moralischer Appell, der aber nicht Ihren moralischen Auffassungen entsprechen muss. Wenn Sie das für richtig halten, benachrichtigen Sie die Tochter.

## Sonstige Behördengänge

Es gibt es eine Reihe von Behörden und Institutionen, die ebenfalls vom Sterbefall benachrichtigt werden müssen. Es handelt sich dabei beispielsweise um

- Versicherungen,

- Bausparkassen,

- Banken und Sparkassen sowie

- Vereine und sonstige Mitgliedschaften.

**TODESFALL SOFORT BEI VERSICHERUNG MELDEN**

Insbesondere bei Versicherungen ist zu empfehlen, sich unverzüglich nach dem Todesfall zu melden und den Sterbefall mitzuteilen. Handelt es sich beispielsweise um eine Lebens-, Unfall- oder Rentenversicherung muss der Sterbefall unverzüglich mitgeteilt werden. Es gibt Versicherungen, die eine verspätete Todesfallmitteilung als Pflichtverletzung des Versicherungsnehmers werten und dann die Leistungen verweigern können. Ob eine Versicherung dazu berechtigt ist, hängt jeweils von den Versicherungsbedingungen ab.

Hat die verstorbene Person ein Testament hinterlassen, müssen Sie dieses Testament unverzüglich beim Nachlassgericht abgeben. Dazu müssen Sie eine Sterbeurkunde mitbringen. Das Testament wird dann vom Nachlassgericht eröffnet. Die gesetzlichen Erben, die in einem Formular angegeben werden müssen, werden vom Testament unterrichtet. Jede Person, die in einem Testament bedacht ist, wird vom Nachlassgericht benachrichtigt. Außerdem müssen die Erben ein Nachlassverzeichnis abgeben, aus dem sich ungefähr die Höhe des Nachlasswertes ergibt.

 **NICHT VERGESSEN: ALLE BELEGE AUFHEBEN**

Für eine spätere Erbauseinandersetzung, eine Regelung zur Auszahlung des Pflichtteils oder gegebenenfalls für die Erbschaftsteuererklärung sollten die Erben alle Belege und Quittungen aufheben. Im Nachhinein sind diese Belege nur schwer zu beschaffen.

## Was Sie bei Bankgeschäften beachten müssen

Schwierigkeiten können sich ergeben, wenn beispielsweise Ihr Ehegatte oder ein anderer Angehöriger gestorben ist und Sie nun Geld von dessen Konto abheben möchten. Dies können Sie nämlich nur, wenn der Erblasser Ihnen zu seinen Lebzeiten eine Bankvollmacht erteilt hat.

Gerade bei Eheleuten ist es sinnvoll, wenn beide sich gegenseitig vertrauen, dass sie sich für Konten jeweils eine Bankvollmacht erteilen oder gleich ein gemeinsames Konto führen. Ansonsten hat der andere Ehegatte das Problem, dass er im Erbfall nicht mehr über das Konto verfügen kann.

Die Bank wird einen Erbnachweis verlangen. Die Bank erteilt keinerlei Auskünfte zum Konto und wird auch keinerlei Verfügungen über das Konto zulassen, wenn unklar ist, wer erbt.

Ausnahmen kann die Bank machen, wenn es um die Beerdigungsrechnung des Bestattungsinstituts geht. Wird der Bank mit einer Sterbeurkunde der Tod des Kontoinhabers nachgewiesen, gestattet die Bank in der Regel die Überweisung dieser Rechnung vom Konto des Verstorbenen. Sollte sich später herausstellen, dass eine andere Person geerbt hat als diejenige, die die Bestattung veranlasst hat, ist das kein Problem. Der Erbe hätte die Bestattung ohnehin bezahlen müssen.

### Daueraufträge bleiben über den Tod hinaus bestehen

Daueraufträge und Lastschrifteinzugsermächtigungen bleiben im Normalfall für das Konto auch über den Tod hinaus bestehen. Damit können beispielsweise weiterhin die laufende Miete, die Stromkosten oder eventuelle Grundsteuern weiter bezahlt werden. Solange sich der Erbe noch nicht als Erbe ausweisen kann, kann er solche Daueraufträge allerdings auch nicht abändern oder stoppen.

Schwierigkeiten treten vor allem dann auf, wenn weitere laufende Rechnungen des Erblassers zu überweisen sind, für die er keinen Abbuchungsauftrag hatte, oder wenn Bargeld abgehoben werden soll. In der Regel wird die Bank das nicht gestatten, bis sich der Erbe als Erbe ausweisen kann. Um diese Zwischenzeit zu überbrücken, ist es ratsam, dass Sie sich mit den Ausstellern der jeweiligen Rechnungen in Verbindung setzen, das Problem schildern und um Zahlungsaufschub bitten, bis der Erbnachweis vorliegt.

### Ohne Vollmacht benötigen Sie einen Erbschein

Grundsätzlich kann sich der Erbe immer mit einem vom Nachlassgericht ausgestellten Erbschein oder mit einem eröffneten notariellen Testament ausweisen. Liegt ein handschriftliches Testament vor, reicht es manchmal, eine beglaubigte Ablichtung des vom Nachlassgericht eröffneten Testamentes zusammen mit einem amtlichen Eröffnungsprotokoll vom Nachlassgericht vorzulegen. Bei kleineren Guthaben wird sich die Bank hier in der Regel kulanter zeigen als bei großen.

Wollen Sie derartige Schwierigkeiten für Ihren eigenen Nachlass vermeiden, ist es ratsam, dass Sie, wenn das entsprechende Vertrauen vorhanden ist und es sich nicht ohnehin um gemeinsame Konten handelt, Ihrem Ehegatten eine Kontovollmacht erteilen. Das trifft ebenso zu für nicht verheiratete Personen, die einem anderen nahen Angehörigen eine Vollmacht erteilen können.

 **VOLLMACHT IST VERTRAUENSSACHE**

Bitte denken Sie daran, dass eine Vollmacht immer Vertrauenssache ist. Eine Vollmacht kann auch missbraucht werden. Selbstverständlich können Sie eine einmal erteilte Vollmacht jederzeit widerrufen, wenn sich herausstellt, dass die von Ihnen bevollmächtigte Person sich Ihres Vertrauens nicht als würdig erwiesen hat.

Vom zeitlichen Wirkungsbereich her gibt es verschiedene Arten von Bankvollmachten:

1. Vollmacht bis zum Tod
   Diese Vollmacht gilt zu Ihren Lebzeiten, erlischt jedoch mit Ihrem Tod.

2. Vollmacht über den Tod hinaus
   Diese Vollmacht wirkt zu Lebzeiten und gleichzeitig auch nach Ihrem Tod und muss nicht erneuert werden.

3. Vollmacht ab dem Tod
   Diese Vollmacht gilt nicht zu Lebzeiten, sondern tritt erst dann in Kraft, wenn Sie verstorben sind.

Um die Regelung von Nachlassangelegenheiten banktechnisch zu vereinfachen, bieten sich die zweite oder dritte Vollmacht an. Welche Regelung

Sie ganz konkret wählen wollen, sollten Sie zunächst allein überlegen und dann mit dem Bevollmächtigten besprechen. Gemeinsam sollten Sie dann zur Bank gehen und sich dort beraten lassen. Die Bank hat die entsprechenden Vollmachtsformulare. Sie sollten diesen Weg zur Bank mit der bevollmächtigten Person gemeinsam unternehmen, denn es kann sinnvoll sein, dass die Unterschrift des Bevollmächtigten bei der Bank hinterlegt wird, um später die Echtheit der Unterschrift jederzeit prüfen zu können.

**WAS TUN IM TODESFALL?** ✓ CHECK

| | |
|---|---|
| Arzt benachrichtigen, Totenschein wird ausgestellt | ☐ |
| Eine eng vertraute Person zur moralischen Unterstützung benachrichtigen | ☐ |
| Die Angehörigen des Verstorbenen benachrichtigen | ☐ |
| Bestattungsinstitut anrufen; grundsätzliche Entscheidung über Erd- oder Feuerbestattung sollte getroffen werden | ☐ |
| Behörden und insbesondere Versicherungen benachrichtigen | ☐ |
| Trauerfeierlichkeiten zur Bestattung organisieren | ☐ |
| Trauerfeier gegebenenfalls in Gaststätte bestellen | ☐ |
| Gegebenenfalls Todesanzeige in Zeitung | ☐ |
| Schriftliche Benachrichtigung sonstiger entfernterer Angehöriger bzw. Danksagungen nach Trauerfeier | ☐ |

# Wie kommen Sie aus einer Erbengemeinschaft raus?

Eine Erbengemeinschaft entsteht durch einen Erbfall, wenn mehrere Personen gemeinsam geerbt haben. Sie ist eine Zwangsgemeinschaft, die nicht auf Dauer angelegt ist, sondern meist kurzfristig aufgelöst wird. Das Entstehen einer Erbengemeinschaft kann man nicht mit einem Vertrag vereinbaren. Ist eine Person plötzlich durch einen Todesfall in eine Erbengemeinschaft hineingeraten, kann es mitunter problematisch sein, den Ausstieg aus der Erbengemeinschaft zu finden. Eine Erbengemeinschaft ist wie ein Ruderboot auf hoher See. Man kann nicht ohne Weiteres einfach aussteigen.

Verstehen sich alle Miterben und sind sie sich auch über die Teilung einig, kann die Auseinandersetzung einer Erbengemeinschaft unproblematisch sein. Sind sich die Miterben hingegen nicht einig, weil sie vielleicht noch alte Familienstreitigkeiten austragen, kann es ein sehr schwieriges Unterfangen werden, diese Erbengemeinschaft aufzulösen.

### Zuschauerfrage an die Redaktion „Escher - Der MDR-Ratgeber"

Herr Dr. Klein aus Neuruppin:

„Vor einem halben Jahr ist meine Tante gestorben, die ein beträchtliches Vermögen hinterlassen hat. Sie war nicht verheiratet und hatte keine Kinder. Sie ist die Schwester meiner Mutter. Außer meiner Mutter gab es noch drei Brüder, die verstorben sind, aber jeweils mehrere Kinder hinterlassen. Erbt meine Mutter jetzt allein nach der Tante?"

Nein. Da die Tante kein Testament hinterlassen hat, ist die gesetzliche Erbfolge eingetreten. Als Erben zweiter Ordnung kommen Ihre Mutter und die drei Brüder in Frage. Die drei verstorbenen Brüder können nicht mehr erben. Die Anteile der verstorbenen Brüder gehen aber nicht an Ihre Mutter, sondern werden jeweils unter deren Kindern aufgeteilt. Damit erhält Ihre Mutter ein Viertel des Erbes und ist in Erbengemeinschaft mit den übrigen Neffen und Nichten.

# Die Verwaltung der Erbengemeinschaft

Allen Miterben steht die Verwaltung der Erbengemeinschaft gemeinschaftlich zu. Lediglich wenn Testamentsvollstreckung angeordnet wurde, dürfen nicht die Erben verwalten, sondern nur der Testamentsvollstrecker.

Sind sich die Mitglieder der Erbengemeinschaft bei der Verwaltung nicht einig, können Verwaltungsmaßnahmen auch mit Mehrheitsbeschlüssen festgelegt werden. Dabei richtet sich die Mehrheit nicht nach der Personenzahl, sondern nach der Höhe der Erbanteile der abstimmenden Erben.

 **ERMITTLUNG DER MEHRHEIT**

Haben beispielsweise drei Kinder zu jeweils einem Drittel geerbt, können Verwaltungsmaßnahmen mit Mehrheitsbeschluss getroffen werden, wenn sich zwei Kinder einig sind. Diese zwei Kinder erben dann zusammen zwei Drittel und können das dritte Kind überstimmen, da sie mehr als die Hälfte der Stimmen auf sich vereinigen. Sind zwei Personen je zur Hälfte Erben geworden, wird es keinen Mehrheitsbeschluss geben. Entweder beide beschließen eine Verwaltungsmaßnahme oder beide blockieren sich gegenseitig, sodass nicht gehandelt werden kann.

Zu den Verwaltungsmaßnahmen gehören alle Maßnahmen, die erforderlich sind,

- um den Nachlass zu sichten,

- in Besitz zu nehmen,

- Nachlassverbindlichkeiten zu begleichen und

- die Substanz des Nachlasses zu erhalten. Dazu gehört beispielsweise die Begleichung von Beerdigungskosten oder das Eintreiben von Miete bei einem Miethaus.

Zuschauerfrage an die Redaktion „Escher - Der MDR-Ratgeber"

Herr Bernhardt aus Chemnitz:
„Gemeinsam mit meiner Schwester habe ich das Haus meiner Mutter geerbt. Wir haben aber nicht jeweils zur Hälfte geerbt, sondern meine Schwester zwei Drittel und ich nur ein Drittel. Das Wohnhaus steht jetzt leer und ich möchte gern einziehen. Meine Schwester ist damit nicht einverstanden und will das Haus an fremde Leute vermieten. Darf sie?"

Die Vermietung des Hauses gehört zur Verwaltung des Nachlasses. Da Sie sich nicht einig sind, kann hier ein Mehrheitsbeschluss durch Ihre Schwester getroffen werden. Da Ihrer Schwester zwei Drittel des Erbes zustehen, hat sie Ihnen gegenüber die Mehrheit und kann Sie überstimmen. Aus diesem Grund kann Ihre Schwester die Vermietung an einen Fremden beschließen und verhindern, dass Sie einziehen. Allerdings stehen Ihnen dann ein Drittel der Mieteinnahmen zu. An den Kosten sind Sie ebenfalls zu einem Drittel beteiligt.

## Notverwaltungsrecht

Für Notmaßnahmen gelten Sonderregelungen. Notmaßnahmen sind Maßnahmen,

■   die sofort getroffen werden müssen und

■   bei denen keine Zeit zum Überlegen und zur Abstimmung in der Erbengemeinschaft bleibt.

Es muss sofort gehandelt werden, um größeren Schaden zu verhindern. Streitig kann aber zwischen Miterben sein, ob eine Maßnahme tatsächlich eine Notmaßnahme ist, wenn ein Erbe behauptet, über dieses Problem hätte man in aller Ruhe beraten und entscheiden können. Es kommt also jeweils auf den Einzelfall an, ob tatsächlich eine Notmaßnahme vorliegt.

**KLASSISCHE NOTMAßNAHMEN**

Klassische Beispiele für solche Notmaßnahmen sind das Löschen eines Brandes am geerbten Haus oder das Beheben eines Wasserrohrbruchs.

Jeder Miterbe ist berechtigt, in Notfällen sofort zu handeln, wenn Gefahr in Verzug ist und nicht auf einen Mehrheitsbeschluss der Erbengemeinschaft gewartet werden kann. Wenn dadurch Kosten entstehen, müssen das die übrigen Erben im Verhältnis ihrer Erbanteile mit bezahlen.

### Zuschauerfrage an die Redaktion „Escher – Der MDR-Ratgeber"

Herr Groll aus Hamburg:

„Gemeinsam mit acht anderen Personen in Erbengemeinschaft gehört mir ein Miethaus. Ich habe nur einen ganz kleinen Anteil am Haus. Da ich in der Nähe wohne, sehe ich öfter im Haus nach dem Rechten. Letzte Woche stellte ich dabei einen Wasserrohrbruch im Keller fest. Der halbe Keller stand schon unter Wasser. Deshalb habe ich sofort einen Handwerker bestellt, damit nicht noch größerer Schaden entsteht. Das Geld für den Handwerker habe ich ausgelegt. Jetzt meinen die übrigen Miterben, sie müssten sich an diesen Kosten nicht beteiligen, weil sie vorher nicht gefragt worden sind. Ist das richtig?"

Nein, die übrigen Miterben müssen Ihnen anteilig das Geld für den Handwerker erstatten. Hier handelt es sich eindeutig um eine Notmaßnahme. Deshalb waren Sie dazu berechtigt, sofort einen Handwerker zu beauftragen, ohne die anderen Miterben vorher zu fragen.

### Zuschauerfrage an die Redaktion „Escher – Der MDR-Ratgeber"

Frau Patzelt aus Köthen:

„Vor einem halben Jahr habe ich einen Brief von einem Erbenermittler erhalten. Er hat mir mitgeteilt, dass er mich als Miterbin in einer sehr großen Erbengemeinschaft nach einer entfernten Verwandten ermittelt hat und dass mir ein kleiner Anteil einer sehr großen Erbschaft zustünde. Bis dahin war mir nicht bekannt, dass ich mit dieser Person verwandt war, und ich wäre nie auf den Gedanken gekommen, hier Nachforschungen anzustellen, ob ich eventuell geerbt haben könnte. Da der Erbenermittler es mir das angeboten hat, habe ich ihn beauftragt. Dabei haben wir schriftlich vereinbart, dass er von der Erbschaft, die ich erhalten soll, einen Anteil von 20 Prozent bekommt. Jetzt ist bereits ein halbes Jahr vergangen und ich habe immer noch kein Geld erhalten. Auf Anfragen teilt mir der Erbenermittler mit, dass die Sache noch dauere und er noch nicht alle Erben ermittelt habe. Irgendwie kommt mir das Ganze aber komisch vor. Werde ich hier jemals Geld erhalten?"

Wenn Sie einen Erbenermittler beauftragt haben, besteht für Sie kein finanzielles Risiko. Er kann keinen Vorschuss von Ihnen verlangen, solange Sie selbst noch kein Geld erhalten. Erst dann, wenn sich der Erfolg einstellt und tatsächlich Geld an Sie fließt, bekommt auch der Erbenermittler seinen Anteil. Bis zu diesem Zeitpunkt arbeitet er auf eigenes Risiko. Führt die Sache nicht zum Erfolg, was manchmal durchaus vorkommen kann, kann er kein Geld von Ihnen verlangen.

Es ist völlig normal, dass die Ermittlung aller Erben, die Beschaffung der entsprechenden Urkunden für den Nachweis der Verwandtschaft und die Erteilung von den erforderlichen Erbscheinen in einem solchen Fall sehr lange dauern. Wie Sie selbst gesagt haben, sind Sie mit der verstorbenen Person sehr weitläufig verwandt. Bei Ihnen wie bei allen sonstigen in Frage kommenden Miterben muss jeweils durch die entsprechenden Geburts- und Sterbe- sowie Eheurkunden nachgewiesen werden, dass Sie mit der Erblasserin verwandt sind. Offensichtlich müssen auch noch weitere Personen, die als Miterben in Frage kommen, gesucht werden. Die Abwicklung einer solchen Erbangelegenheit ist selten kürzer als ein Jahr und kann durchaus auch drei Jahre dauern. Insofern müssen Sie noch etwas Geduld haben. Selbstverständlich können Sie in gewissen Zeitabständen bei dem von Ihnen beauftragten Erbenermittler anfragen, wie weit die Sache fortgeschritten ist. Ob jemals Geld an Sie fließen wird, bleibt bis zum Schluss ungewiss.

# Wie kann man eine Erbengemeinschaft auflösen?

Die Erbengemeinschaft ist nicht auf Dauer angelegt. Bei den meisten Erben geht die Auseinandersetzung innerhalb von kurzer Zeit und friedlich vonstatten. Manchmal ist es aber nicht so einfach. Welche Möglichkeiten bieten sich da?

- Auseinandersetzungsvertrag zwischen den Miterben
  Sind sich die Miterben in der Erbengemeinschaft darüber einig, wie geteilt werden soll, sollten sie aus Beweisgründen eine schriftliche Vereinbarung abschließen, die alle Miterben unterzeichnen. Geht es dabei um die Auseinandersetzung im Hinblick auf ein Grundstück, eine Grundschuld oder eine Hypothek, ist die Beurkundung vor einem Notar zwingend erforderlich.

- Teilung durch den Testamentsvollstrecker
  Ist im Testament eine Testamentsvollstreckung angeordnet, so teilt der Testamentsvollstrecker das Erbe so auf, wie das Testament dies vorschreibt. Ist im Testament nichts dazu geregelt, kann der Testamentsvollstrecker nach eigenem Ermessen und seiner Einschätzung so teilen, wie er es für richtig und gerecht hält.

- Übernahme durch einen Miterben
  Ein Miterbe übernimmt bei dieser Variante das gesamte Erbe und zahlt die anderen Miterben aus. Ist beispielsweise eine Erbengemeinschaft an einem Grundstück entstanden, kann es eine sehr sinnvolle Variante sein, dass einer der Miterben das Grundstück übernimmt und einzieht und den übrigen Miterben anteilig den Wert des Grundstücks auszahlt.

- Verkaufen und teilen
  Alle Miterben verkaufen die Nachlassgegenstände an einen Dritten und teilen sich das Geld. Möchte keiner der Miterben die Nachlassgegenstände bzw. das Grundstück behalten, so ist dies immer eine gute Variante. Alle Miterben sind sich darüber einig, dass man zum höchstmöglichen Preis verkaufen möchte. Das Geld ist dann nach Abzug der entstandenen Kosten einfach nach der Quote zu teilen.

- Teilungsklage
  Mit einer Teilungsklage kann ein Miterbe die übrigen Miterben auf Zustimmung zu einem Teilungsplan verklagen. Das ist aber nur möglich, wenn alle Nachlasswerte und Nachlassverbindlichkeiten komplett feststehen. Eine solche Klage ist aber immer mit einem hohen Prozess- und Kostenrisiko verbunden und deshalb nur bedingt zu empfehlen.

- Vermittlung durch das Nachlassgericht
  Ein Miterbe kann sich jederzeit an das Nachlassgericht wenden und darum bitten, dass ein Vermittlungsverfahren durchgeführt wird. Das Nachlassgericht fällt dabei keine Entscheidung, sondern wird vermittelnd tätig, um einen Kompromiss zu erreichen. Ist aber einer der Miterben mit diesem Vermittlungsverfahren nicht einverstanden, wird es zwangsläufig scheitern, sodass von vornherein zu überlegen ist, ob bei einer verstrittenen Erbengemeinschaft das Vermittlungsverfahren überhaupt der richtige Weg ist.

## Teilungsversteigerung bei Grundstücken

Jeder der Miterben, auch wenn er eine ganz kleine Erbquote hat, kann bei einem Grundstück die gerichtliche Teilungsversteigerung beantragen. Dabei wird das Grundstück meistbietend zum Verkauf angeboten. Vom Grundsatz her muss man sich das ähnlich vorstellen wie eine Zwangsversteigerung.

Nachdem ein Miterbe einen Antrag auf Teilungsversteigerung beim Amtsgericht gestellt hat, lässt das Gericht im Grundbuch einen Versteigerungsvermerk eintragen. Zuständig ist das Amtsgericht, in dessen Bezirk das Grundstück liegt.

Anschließend wird das Gericht das Grundstück meist durch einen gerichtlich zugelassenen Sachverständigen bewerten lassen. Aufgrund des Gutachtens bestimmt das Gericht offiziell den Wert des Grundstücks. Der Antragsteller muss für den Gutachter einen Kostenvorschuss leisten. Diese verauslagten Kosten bekommt er jedoch am Ende der Versteigerung aus dem Versteigerungserlös erstattet.

Das Gericht wird den vorgesehenen Versteigerungstermin im Amtsblatt bzw. an der Gemeindetafel oder anderen geeigneten Stellen bekannt machen. Für diese nicht unerheblichen Kosten muss der Antragsteller ebenfalls einen Kostenvorschuss leisten, der am Ende verrechnet wird.

## Welchen Preis Sie bei einer Versteigerung erzielen können

Spannend ist dann der eigentliche Versteigerungstermin. Sind viele Bieter zum Termin erschienen, die alle interessiert am Grundstück sind, kann das Grundstück durchaus einen sehr guten Preis erzielen. Sind dagegen nur wenige Interessenten da, kann es passieren, dass das Grundstück am Ende weit unter seinem Wert versteigert wird. Damit bleibt eine Teilungsversteigerung bis zum Schluss spannend, denn es ist vorher nicht absehbar, wie viel für das Grundstück erzielt wird.

In Zeiten gesunkener Grundstückspreise kann das bedeuten, dass ein Grundstück weit unter seinem tatsächlichen Wert versteigert wird. Ein Fremder, der bei einer solchen Teilungsversteigerung ein Grundstück ersteigert, kann durchaus ein wertvolles Grundstück sehr preiswert ersteigern.

## Welche Sicherheit können Sie bieten?

Wer in einer Teilungsversteigerung ein Gebot abgeben will, muss eine sogenannte Bietersicherheit leisten. Er muss zehn Prozent des Verkehrswertes auf Anforderung beim Rechtspfleger als Sicherheit bieten. Eine Barzahlung vor Gericht ist nicht mehr möglich. Eine rechtzeitige Überweisung an die Landesjustizkasse ist der sicherste Weg.

Am Schluss des Versteigerungstermins wird das höchste Gebot festgestellt. Der Meistbietende erhält dann den Zuschlag für das Grundstück. Anschließend verteilt das Gericht den Versteigerungserlös nach Verrechnung der verauslagten Gutachter- und Veröffentlichungskosten unter den Erben nach ihrer jeweiligen Erbquote, wenn diese sich einig sind. Können sich die Erben über diese Verteilung nicht einigen, hinterlegt das Gericht den Erlös und die Erben könnten sich gegenseitig auf Zustimmung zum Teilungsplan verklagen.

**ERBE KANN MITSTEIGERN**

Bevor Miterben eine Teilungsversteigerung beim Gericht beantragen, sollten sie sich juristisch beraten lassen, ob das wirklich der richtige Schritt ist. Für die übrigen Miterben muss es aber nicht das Ende bedeuten, wenn ein anderer Miterbe die Teilungsversteigerung beantragt hat.

Jeder, auch die Miterben, kann ein Gebot für das Grundstück abgeben. Ist das Grundstück möglicherweise bei fremden Bietern nicht so begehrt, kann ein Miterbe das Grundstück der Erbengemeinschaft preiswert ersteigern. Mitunter einigen sich die Miterben in letzter Minute unter dem Druck des gesamten Verfahrens.

Neben den genannten Möglichkeiten der Auflösung der Erbengemeinschaft können Sie gegebenenfalls darüber nachdenken,

- ob die Erbengemeinschaft in eine Bruchteilsgemeinschaft umgewandelt wird oder

- ob einer der Erben möglicherweise von vornherein die Erbschaft ausschlägt und dafür eine Abfindung erhält.

Die Details einer solchen Regelung sind aber recht kompliziert.

# Wenn die Erbschaft nur aus Schulden besteht

Grundsätzlich haftet der Erbe für die Schulden des Verstorbenen. Es kann aber niemand gezwungen werden, eine überschuldete Erbschaft anzunehmen.

## Wie Sie eine Erbschaft ausschlagen

Wenn Sie als künftiger Erbe feststellen, dass der Nachlass überschuldet ist, können Sie die Erbschaft ausschlagen. Dazu haben Sie sechs Wochen Zeit ab Kenntnis des Erbfalls bzw. bei Testamenten ab Kenntnis des Erbfalls und des Testaments. Kenntnis vom Testament können Sie als Erbe allerdings frühestens mit der offiziellen Testamentseröffnung erlangen. Leben Sie als Erbe im Ausland, beträgt für Sie die Ausschlagungsfrist sechs Monate.

Die Ausschlagung müssen Sie vor dem Nachlassgericht erklären oder vor einem Notar. Der Notar leitet dann diese beglaubigte Erklärung fristgemäß an das Nachlassgericht weiter. Zuständig ist das Nachlassgericht, an dem der Erblasser seinen letzten Wohnsitz hatte.

Ist die Ausschlagung form- und fristgemäß erfolgt, gilt der Anfall der Erbschaft als nicht erfolgt. Die ausschlagende Person wird in der Erbfolge so behandelt, als ob sie bereits vorverstorben sei.

**ERBFOLGE BEI AUSSCHLAGEN DES ERBES**

Hätte beispielsweise bei gesetzlicher Erbfolge ein Vater das Erbe nach dem Großvater ausgeschlagen, wären die Enkel die gesetzlichen Erben. Wollen auch diese die Erbschaft nicht, müssen sie ebenfalls ausschlagen. Für die Enkel beginnt die Ausschlagungsfrist allerdings erst mit der Ausschlagung durch den Vater.

## Besonderheiten bei minderjährigen Erben

Ist ein minderjähriges Kind Erbe, müssen Besonderheiten beachtet werden. Hat ein Minderjähriger geerbt und die Eltern wollen für das Kind die Ausschlagung erklären, weil die Erbschaft nur aus Schulden besteht, benötigen sie dazu eine Genehmigung durch das Familiengericht. Da die sechswöchige Ausschlagungsfrist ohnehin sehr knapp bemessen ist, reicht es aus, wenn die Eltern die Ausschlagung für das Kind fristgemäß erklären und innerhalb der Ausschlagungsfrist die gerichtliche Genehmigung für das minderjährige Kind beantragt haben. Auch wenn die gerichtliche Genehmigung erst nach der Ausschlagungsfrist erteilt wird, erkennt das Nachlassgericht das als fristgemäß an.

Eine solche Genehmigung ist aus dem Grunde notwendig, damit die Eltern nicht unbedacht und leichtfertig für ihr Kind die Erbausschlagung erklären, obwohl sie nicht sorgfältig geprüft haben, ob der Nachlass tatsächlich überschuldet ist. Auch wenn es selten vorkommt, können in Ausnahmefällen Eltern durchaus ein Eigeninteresse daran haben, dass das Kind eine Erbschaft ausschlägt, damit sie selbst die Erbschaft erhalten können. Ein solcher Fall ist denkbar, wenn ein Großvater seine Enkeltochter mit einem Testament zur Alleinerbin eingesetzt hat. Würde das Kind die Erbschaft ausschlagen, ist gegebenenfalls ihre Mutter gesetzliche Alleinerbin und erhält die Erbschaft. Solche Missbrauchsfälle und der leichtfertige Umgang mit der Erbschaft eines Kindes sind durch das Genehmigungserfordernis jedoch ausgeschlossen.

 **AUSNAHME VON DER GENEHMIGUNGSPFLICHT**

Eine gerichtliche Genehmigung zur Ausschlagung wird nur ausnahmsweise nicht benötigt, wenn das Kind durch die vorangegangene Ausschlagung der Eltern überhaupt erst als Erbe in Frage kommt. Dann wird vorausgesetzt, dass die Eltern, bevor sie selbst auf die Erbschaft verzichten, den Nachlass sorgfältig geprüft haben.

### Was ist, wenn ich die Erbschaft einfach nicht annehme?

Viele Leute denken, sie haben die Erbschaft erst dann angenommen, wenn sie ausdrücklich dem Nachlassgericht mitteilen, dass sie die Erbschaft annehmen. Das ist ein gefährlicher Irrtum. Hat der Erbe sechs Wochen nach Kenntnis vom Erbfall geschwiegen und keine Erklärung abgegeben, bedeutet sein Schweigen: „Ja, ich will die Erbschaft annehmen." Ist die Frist verstrichen, dann ist die Erbschaft automatisch angenommen und es bedarf keiner weiteren Erklärung.

## Was tun, wenn Sie die überschuldete Erbschaft angenommen haben?

### Zuschauerfrage an die Redaktion „Escher – Der MDR-Ratgeber"

Herr Reichelt aus Schwerin:

„Vor drei Monaten ist mein leiblicher Vater gestorben, den ich allein beerbt habe. Nach der Scheidung meiner Eltern hatte ich kaum Kontakt zu ihm und angenommen, dass er in gesicherten finanziellen Verhältnissen lebt. Wie ich aber erst letzte Woche erfahren habe, war sein kleiner Handwerksbetrieb überschuldet. Der Kredit für sein Grundstück übersteigt leider den Wert des Anwesens. Da ich zunächst dachte, dass mein Vater wohlhabend ist, habe ich diese Erbschaft angenommen und einen Erbschein beantragt. Kann ich diese überschuldete Erbschaft jetzt wieder loswerden?"

Sie haben diese Erbschaft angenommen und sind damit Erbe geworden. Eine Ausschlagung ist jetzt nicht mehr möglich. Hätten Sie die hohen Schulden Ihres Vaters gekannt, hätten Sie von vornherein die Erbschaft ausgeschlagen.

Sie sollten aber unbedingt dem Nachlassgericht gegenüber diese versehentliche Annahme der Erbschaft anfechten. Da Sie die Schulden nicht kannten, war Ihnen eine wichtige Eigenschaft des Nachlasses nicht bekannt. Deshalb sind Sie zur Anfechtung berechtigt. Dazu sollten Sie aber unverzüglich zum Nachlassgericht gehen, denn für diese Anfechtung besteht lediglich eine Frist von sechs Wochen ab Kenntnis des Anfechtungs-grundes. Haben Sie also erst vorige Woche von den hohen Schulden Ihres Vaters erfahren, ist die Frist zur Anfechtung der Annahme noch nicht ab-gelaufen. Die Anfechtung bewirkt dann, dass Sie die bereits angenommene Erbschaft vollständig wieder loswerden und auch nicht für die Schulden Ihres Vaters aufkommen müssen.

# Wie kann ich die Haftung beschränken?

Leider kommt es manchmal vor, dass ein Erbe bei einem überschuldeten Nachlass nicht nur die Ausschlagungsfrist versäumt, sondern dass er die Anfechtungsfrist für die Annahme der Erbschaft ebenfalls verpasst. Der Erbe wird dann die Erbschaft nicht wieder los, aber er hat noch einige Möglichkeiten, wie er seine Erbenhaftung auf den Nachlass beschränken kann, damit er nicht noch aus seinem Privatvermögen die Schulden be-zahlen muss. Zur Beschränkung der Haftung kann der Erbe eine Reihe von Maßnahmen veranlassen:

- Aufgebotsverfahren
  Ist zweifelhaft, wer überhaupt alles Forderungen gegen den Nachlass hat, ist ein Aufgebotsverfahren sinnvoll. Alle Gläubiger, die Forderun-gen haben, müssen ihre Forderung anmelden. Das gilt aber nicht für Pflichtteilsberechtigte, Vermächtnisnehmer, durch Auflagen Begüns-tigte oder diejenigen, die sich bereits mit einem Pfandrecht oder einer Hypothek in einem Grundstück ihre Rechte gesichert haben. Alle übri-gen Gläubiger müssen ihre Forderung anmelden. Diejenigen Gläubi-ger, die sich nicht melden, gehen leer aus, wenn der Nachlass nicht zur Begleichung ihrer Forderung ausreicht.

- Nachlassverwaltung
  Eine Nachlassverwaltung ist dann angebracht, wenn der Erbe anneh-men muss, dass der Nachlass möglicherweise überschuldet ist, obwohl aktives Vermögen vorhanden ist. Ein solches Verfahren kann durchaus ergeben, dass nach Abzug aller Nachlassverbindlichkeiten und Gläubi-

gerforderungen noch ein Nachlassteil übrig bleibt, der dann dem Erben zusteht.

ANTRAG AUF NACHLASSVERWALTUNG

Amtsgericht Dresden
– Nachlassgericht –
Berliner Straße 7
01067 Dresden

Dresden, den ...

Antrag auf Nachlassverwaltung
Nachlass des am 25.11.2008 verstorbenen Hartmut Pauls
aufgrund des Testamentes vom 09.04.1995
Sehr geehrte Damen und Herren,
hiermit beantrage ich, Hugo Pauls, geb. am 01.04.1959, wohnhaft 01097 Dresden, Erna-Berger-Straße 1, die Nachlassverwaltung über den Nachlass meines Vaters, den am 25.11.2008 verstorbenen Hartmut Pauls.
Aufgrund des Testamentes vom 09.04.1995, das vom Amtsgericht Dresden - Nachlassgericht - am 10.12.2008 eröffnet wurde unter Geschäftszeichen: 43 VI 0999/08, bin ich Alleinerbe meines Vaters Hartmut Pauls.
Da mir die Höhe der Nachlassverbindlichkeiten im Einzelnen nicht bekannt ist und ich eine persönliche Haftung ausschließen will, beantrage ich hiermit die Anordnung der Nachlassverwaltung über den Nachlass von Hartmut Pauls. Bei der Auswahl des Nachlassverwalters bitte ich zu berücksichtigen, dass zum Nachlass ein in Dresden gelegenes Miethaus und eine Bäckerei gehören.
Mit freundlichen Grüßen
(Unterschrift)

NACHLASSVERWALTER

Während der Zeit der Nachlassverwaltung darf der Erbe aber den Nachlass nicht persönlich verwalten, sondern das tut ein vom Gericht bestellter Nachlassver-

> walter. Ein solches Verfahren ist mit Kosten verbunden. Es sollte nur dann ein-
> geleitet werden, wenn die Chance besteht, dass überhaupt Vermögen übrig
> bleibt und an die Erben verteilt werden kann.

Steht von vornherein fest, das trotz vorhandener aktiver Werte der Nachlass überschuldet ist, sollten Sie gleich ein Nachlassinsolvenzverfahren
beim Insolvenzgericht beantragen. Haben Sie als Erbe zunächst nur ein
Aufgebotsverfahren oder die Nachlassverwaltung beantragt, können Sie
jederzeit wechseln und eine Nachlassinsolvenz beantragen, wenn sich in
diesen Verfahren die Überschuldung herausstellt.

### Lohnt sich eine Nachlassinsolvenz?

Da auch mit diesem Verfahren Kosten verbunden sind, sollten Sie es nur
dann beantragen, wenn tatsächlich ein nennenswerter Aktivnachlass vorhanden ist. Der Ablauf des Verfahrens ist dann ähnlich wie bei einem
ganz normalen Insolvenzverfahren, wenn eine Person überschuldet ist. Sie
müssen als Erbe ein Nachlassverzeichnis erstellen und können sich sicher
sein, dass Sie nicht mit Ihrem Privatvermögen für die Schulden aufkommen müssen.

### Zuschauerfrage an die Redaktion „Escher – Der MDR-Ratgeber"

Frau Ehrhardt aus Frankfurt/Oder:

„Mein vor einem halben Jahr verstorbener Bruder war nicht verheiratet und
hatte keine Kinder. Unsere Eltern sind bereits vor Jahren verstorben, sodass
ich als seine einzige Schwester seine gesetzliche Erbin bin. Meinem Bruder
gehörten ein Handwerksbetrieb, ein Einfamilienhaus und ein Miethaus. Als
sich die Schulden meines Bruders herausstellten, war die Ausschlagungsfrist
schon um. Leider habe ich auch die Anfechtungsfrist verpasst, sodass ich
nun Erbin geworden bin und für die Schulden aufkommen muss. Mein Bruder hatte nicht nur persönlich sehr viele Schulden, die mit seinem Handwerksbetrieb zusammenhängen. Er hatte außerdem für den Kredit eines Ge-
schäftspartners gebürgt, der jetzt Pleite ist, sodass ich hier ebenfalls zahlen
muss. Täglich kommen neue Rechnungen auf mich zu. Ich habe schon regel-

> recht Angst, die Post vom Briefkasten zu holen. Was kann ich hier tun? Muss ich jetzt bis zu meinem Lebensende für alle Schulden meines Bruders aufkommen?"

Sie sollten unverzüglich beim Nachlassgericht Nachlassverwaltung beantragen. Offensichtlich haben Sie den Überblick über Vermögenswerte und Schulden Ihres Bruders verloren. Das Gericht wird einen geeigneten Verwalter einsetzen, der sortiert, welche Forderungen berechtigt sind und tatsächlich bezahlt werden müssen, und feststellt, ob der Nachlass vielleicht sogar dafür ausreicht.

Stellt der Nachlassverwalter jedoch fest, dass die Erbschaft wirklich hoffnungslos überschuldet ist, kann er sofort einen Nachlasskonkurs beantragen. Damit wird die Haftung auf den vorhandenen Nachlass beschränkt und Sie können ganz sicher sein, dass Sie aus Ihrem Privatvermögen nichts zahlen müssen. Zeit und Nerven wird Sie dieses ganze Verfahren aber mit Sicherheit noch eine Weile kosten.

Ist der Nachlass äußerst gering und stehen viele Schulden an, sollten Sie im Normalfall weder Nachlassverwaltung noch Nachlassinsolvenz beantragen. Wenn die Verfahrenskosten beim Nachlassgericht nicht aus dem Nachlass bezahlt werden können, muss nämlich der Antragsteller dafür aufkommen.

Hier genügt es, wenn Sie als Erbe die Einrede der Dürftigkeit des Nachlasses vorbringen. Sie müssten dann den Gläubigern lediglich die wenigen vorhandenen Nachlassgegenstände herausgeben. Derjenige Gläubiger, der sich zuerst darum kümmert, bekommt noch etwas von dem vielleicht gering vorhandenen Nachlass ab. Wer von den Gläubigern zu spät kommt, erhält nichts mehr. Sie müssen nicht mit Ihrem Privatvermögen haften. Haben Sie jedoch eine vom Gericht auferlegte Frist zur Einreichung des Inventarverzeichnisses versäumt oder falsche Angaben vor Gericht gemacht, haften Sie dennoch.

### Zuschauerfrage an die Redaktion „Escher - Der MDR-Ratgeber"

Herr Ludwig aus Hannover:
„Als alleiniger Erbe nach meinem kürzlich verstorbenen Vater habe ich die Erbschaft nicht ausgeschlagen, weil das kleine Sparguthaben gerade für die Beerdigungskosten ausgereicht hat. Die wertlose Wohnungseinrichtung habe ich als Sperrmüll entsorgt. Jetzt kommen von allen Seiten Rechnungen von Versandhäusern, weil mein Vater über Kataloge lauter unsinnige Sachen bestellt hatte, die er selbst verschenkt oder entsorgt hat. Das erste Versandhaus hat mir jetzt mit Klage gedroht. Muss ich das bezahlen?"

Nein, Sie können die Einrede der Dürftigkeit des Nachlasses einwenden. Bei einem derartig geringen Nachlass hätte das vorhandene Vermögen auf dem Konto ohnehin nicht für einen Nachlassinsolvenzverfahren ausgereicht. Mit der Einrede der Dürftigkeit müssten Sie höchstens das herausgeben, was Sie überhaupt aus dem Nachlass erlangt haben. Da vom Nachlass nichts übrig geblieben ist, müssen Sie auch nichts herausgeben und können die Zahlung verweigern.

## Beschränkte Haftung für Minderjährige

Minderjährigenhaftungsbeschränkungsgesetz: Dieses Gesetz mit dem langen Namen ist mitunter für Minderjährige der letzte Rettungsanker. Es kann vorkommen, dass ein Minderjähriger eine überschuldete Erbschaft angenommen hat, weil sich seine Eltern nicht darum gekümmert haben. Eltern können für ihr Kind eine überschuldete Erbschaft ausschlagen. Haben die Eltern keine Ausschlagung erklärt, ist mit Fristablauf die Erbschaft für den Minderjährigen angenommen. Werden die Eltern nicht tätig, hat das Kind keine Möglichkeit, sich von den Schulden zu befreien. Für die Schulden aus der Erbschaft müsste das Kind bis zu seinem Lebensende aufkommen. Das spätere Leben des Kindes wäre für alle Zeiten von den Schulden geprägt.

Wird das Kind volljährig, kann es sich mithilfe des Minderjährigenhaftungsbeschränkungsgesetzes von diesen Schulden befreien. Das Kind haftet dann lediglich mit dem Vermögen, welches es zum Zeitpunkt der Volljährigkeit besitzt. Damit ist für das überschuldete Kind ein „Neustart bei

Null" möglich. Ein Antrag beim Gericht ist dazu nicht erforderlich. Aus Sicherheitsgründen sollte der volljährig gewordene Jugendliche beim Gericht freiwillig ein Inventarverzeichnis über sein Vermögen erstellen.

# Was tun, wenn der Erbe überschuldet ist

In der heutigen Zeit kann es leicht vorkommen, dass eine Person, die vom Erblasser als Erbe vorgesehen ist, so viele Schulden hat, dass sich über die Erbschaft nicht der Erbe, sondern nur seine Gläubiger freuen würden. Hier können Angehörige nach Wegen suchen, wie man dem Erben etwas zukommen lassen kann, ohne dass die Gläubiger Zugriff darauf nehmen können. Der künftige Erblasser muss sich Gedanken darüber machen, wie er seine Erbfolge gestaltet, damit nicht das von ihm mühevoll erarbeitete Vermögen in die Hände der Gläubiger kommt. Für die Gläubiger kann das im Einzelfall hart sein, denn sie haben berechtigte Forderungen, die sie nur schwer durchsetzen können.

## Wie Sie Ihr Vermögen vor den Gläubigern schützen

Handelt es sich bei der überschuldeten Person um ein Kind des Erblassers, besteht wie bereits dargelegt die Möglichkeit der Beschränkung des Pflichtteils in guter Absicht. Dabei wird das überschuldete Kind für den ihm zugedachten Erbanteil lediglich Vorerbe. Die gesetzlichen Erben des Kindes, also seine Angehörigen wie Ehegatte oder Kinder, erhalten dann nach dessen Tod den Erbanteil als Nacherbschaft ausgezahlt. Hat es das überschuldete Kind jedoch geschafft, bis zum Tod der Erblassers aus den Schulden herauszukommen, fallen die dem Kind auferlegten Beschränkungen automatisch weg und das Kind kann frei über die Erbschaft verfügen.

Bei dieser Regelung kommt das überschuldete Kind selbst nicht an die Vorerbschaft heran. Der Erbteil liegt sozusagen unter einer großen „Käseglocke", durch die weder die Gläubiger noch das überschuldete Kind selbst dringen können. Dieses Geld aus der Vorerbschaft bringt aber Zinsen. Ein von den Eltern eingesetzter Testamentsvollstrecker kann dann dem überschuldeten Kind Dinge kaufen, die nicht gepfändet werden können.

Denkbar ist auch, dass der überschuldete Erbe von vornherein zu Lebzeiten des Erblassers mit diesem einen notariellen Pflichtteilsverzichtsvertrag abschließt. Ein solcher Pflichtteilsverzicht ist eine höchst persönliche Sache, die man dem Pflichtteilsberechtigten nicht verwehren kann. Es steht dann dem Erblasser frei, ob er dem überschuldeten Kind dennoch etwas zuwenden will oder ob er dessen Kinder zu Erben einsetzt. Er kann auch nach Ablauf der siebenjährigen Wohlverhaltensperiode im Insolvenzverfahren und der Restschuldbefreiung für den überschuldeten Erben diesem doch wieder einen Erbteil zuwenden, denn dann ist das Kind nicht mehr überschuldet.

Denkbar ist schließlich auch, dass die Eltern dem überschuldeten Kind etwas zuwenden, was in sein Schonvermögen fällt und ihm nicht weggepfändet werden kann. Erhält das überschuldete Kind beispielsweise nicht das Grundstück der Eltern, sondern lediglich ein Wohnrecht daran, können Gläubiger nicht das Haus pfänden, weil es dem überschuldeten Kind nicht gehört. Und die Eltern können sich sicher sein, dass das überschuldete Kind zumindest ein Dach über dem Kopf hat.

Handelt es sich bei der überschuldeten Person um den Ehegatten des Erblassers, ist eine Pflichtteilsbeschränkung in guter Absicht leider nicht möglich. Das Gesetz erlaubt diese Regelung leider nur bei Kindern. Hier kann man dem überschuldeten Ehegatten entweder

- ein Wohnrecht am Grundstück zuwenden oder aber

- ihn zum nicht befreiten Vorerben machen und die gemeinsamen Kinder zu Nacherben einsetzen.

Für behinderte Kinder gelten Sonderbestimmungen. Auch wenn das Sozialamt bereits seit vielen Jahren für das behinderte Kind Kosten für Unterbringung und Behindertenwerkstatt übernommen hat, gilt dieses Kind nicht als überschuldet. Aus diesem Grund kann man nicht auf die Pflichtteilsbeschränkung in guter Absicht zurückgreifen. Hier muss ein Behindertentestament verfasst werden, wie bereits behandelt wurde.

**HALTEN SIE FAMILIENRAT**

Solche Maßnahmen zum Schutz des überschuldeten Erben sollten die Angehörigen nach Möglichkeit in Absprache mit dem überschuldeten Erben treffen.
Wenn die überschuldete Person über alle geplanten Maßnahmen und Absichten
im Testament informiert ist, wird sie diese Regelungen nicht als Diskriminierung
verstehen, sondern begreifen, dass das ihrem Schutz und dem Schutz des Vermögens dient. Es wäre verhängnisvoll, wenn der überschuldete Erbe aus Un-
kenntnis gegen die gut gemeinten Maßnahmen des Erblassers vorgeht und dadurch womöglich der Schutz vor den Gläubigern des Überschuldeten verloren
geht.

## Zuschauerfrage an die Redaktion „Escher – Der MDR-Ratgeber"

Frau Schmidt aus Görlitz:

„Ich bin verwitwet und habe einen Sohn und eine Tochter. Der Sohn ist ü-
berschuldet, die Tochter lebt in finanziell gesicherten Verhältnissen. Die sie-
benjährige Wohlverhaltensperiode im Insolvenzverfahren für meinen Sohn
hat gerade begonnen. Es ist noch unklar, ob er danach die Restschuldbefreiung erhält. Mir gehört ein kleines Zweifamilienhaus. Nach meinem Tode
sollten meine beiden Kinder das Haus eigentlich je zur Hälfte erben, damit
beide darin wohnen können. Wie kann ich jetzt verhindern, dass die Gläubiger meines Sohnes die ganze für ihn gedachte Erbschaft bekommen und
mein Haus verloren geht?"

Zunächst sollten Sie mit Ihrem Sohn vorsorglich darüber sprechen, ob er
eventuell einen notariellen Pflichtteilsverzicht Ihnen gegenüber erklärt.
Anschließend sollten Sie „Familienrat" mit beiden Kindern halten. Denkbar ist es, dass der Sohn seinen hälftigen Erbteil bekommt, aber Sie
gleichzeitig im Testament die Pflichtteilsbeschränkung in guter Absicht
aussprechen. Damit wird sozusagen eine große Käseglocke über dem hälftigen Erbteil Ihres Sohnes gesetzt und Gläubiger können nicht pfänden.
Verstirbt dann später Ihr Sohn, sind seine Erben, also seine Frau und die
Enkelkinder, Nacherben und erhalten das halbe Haus.

Denkbar wäre auch eine Variante, dass Ihr Sohn nicht Erbe wird. An seiner Stelle sollten Sie seine Kinder als Erben für den hälftigen Erbanteil einsetzen. Ihr Sohn sollte aber ein unentgeltliches Wohnrecht an der einen Wohnung im Zweifamilienhaus erhalten. Das kann nicht gepfändet werden, da es in seiner Ausübung nicht übertragbar ist. Das Testament sollte aber auch Regelungen vorsehen, die verhindern, dass die vielleicht minderjährigen Enkel nicht später mit der Erbschaft Unfug anrichten können.

Bitte denken Sie daran, nach der siebenjährigen Wohlverhaltensperiode Ihres Sohnes und einer eventuellen Restschuldbefreiung das Testament zu ändern, wenn Ihr Sohn keine Schulden mehr hat.

# Die neue Erbschaftsteuer

Am 1.1.2009 ist die Reform im Erbschaft- und Schenkungsteuerrecht in Kraft getreten. Diese Reform bringt weitreichende Änderungen mit sich, die hier näher erläutert werden. Die Änderungen betreffen zum einen Steuersätze und Freibeträge der einzelnen Erben. Zum anderen betrifft die Reform die Änderung der Bewertung des Nachlasses, insbesondere die Bewertung von Grundstücken und Betriebsvermögen.

Die Erbschaft- und Schenkungssteuer sind in Deutschland in einem Gesetz, dem Erbschaft- und Schenkungsteuergesetz, geregelt. Beide Steuern werden jeweils in einem zeitlichen Zusammenhang von zehn Jahren gemeinsam betrachtet. Das bedeutet, dass der Erbteil eines Erben nach seiner Tante und das Geschenk, das er vor fünf Jahren von dieser Erbtante erhalten hat, addiert werden. Beim Gesamtwert dieser Erwerbe stellt das Finanzamt fest, ob eine Erbschaftsteuer zu zahlen ist oder nicht.

Als Erbe müssen Sie dem Finanzamt gegenüber innerhalb einer Frist von drei Monaten eine Erbschaftsteuererklärung abgeben. Das brauchen Sie lediglich dann nicht, wenn das Nachlassgericht eine Mitteilung an das Finanzamt schickt, weil Sie einen Erbschein beantragt haben oder ein Testament eröffnet wurde. Dazu müssen Sie als Erbe beim Nachlassgericht ein Nachlassverzeichnis einreichen. In diesem Verzeichnis geben Sie die Nachlasswerte an. Wenn Sie damit einverstanden sind und das auch schriftlich bestätigt haben, leitet das Nachlassgericht dieses Verzeichnis an das Finanzamt weiter.

**KEINE FALSCHEN ANGABEN**

Sie sollten sich davor hüten, dem Finanzamt gegenüber falsche Angaben zu machen. Das ist kein Kavaliersdelikt, sondern eine strafrechtlich relevante Handlung. Darüber hinaus hat das Finanzamt selbst umfangreiche Möglichkeiten, sich über angefallene Erbschaften zu informieren. So muss beispielsweise jede Bank oder Sparkasse, welcher ein Todesfall bekannt wird, eine Kontrollmitteilung an die zuständige Erbschaftsteuerstelle machen, welche Konten und Guthaben vorhanden waren.

# Zu welcher Steuerklasse gehören Sie?

Auch das neue Erbschaftsteuerrecht teilt die Erben in bestimmte Steuerklassen ein, wobei jede dieser Personengruppen einen persönlichen Steuerfreibetrag hat.

- In der Steuerklasse I sind der Ehegatte, Kinder und Stiefkinder, Enkel und Eltern bzw. Großeltern, sofern diese erben.

- Die Steuerklasse II haben Eltern bzw. Großeltern, sofern diese etwas geschenkt bekommen, Geschwister, Neffen und Nichten, Stiefeltern, Schwiegerkinder bzw. Schwiegereltern und der geschiedene Ehegatte.

- In der Steuerklasse III sind alle übrigen Erwerber wie z.B. entferntere Verwandte, nicht verwandte Personen und insbesondere der Lebensgefährte.

Die Reform der Erbschaft- und Schenkungsteuer hat die Steuerfreibeträge und Steuersätze zum Teil stark verändert. Je näher das Verhältnis zum Erblasser ist, desto höher ist der Steuerfreibetrag und desto geringer ist der Steuersatz. Die Steuerfreibeträge für nahe Verwandte in der Steuerklasse I und den eingetragenen gleichgeschlechtlichen Lebenspartner wurden großzügig erhöht. Für die entfernteren Verwandten oder nicht verwandte Personen wie z.B. Lebensgefährten wurden die Steuerfreibeträge in den Steuerklassen II und III nur leicht angehoben.

## Steuerfreibeträge für bestimmte Nachlassgegenstände

Zusätzlich zu den persönlichen Freibeträgen gibt es Steuerfreibeträge für bestimmte Nachlassgegenstände wie beispielsweise Hausrat oder beweglich Gegenstände.

Das bedeutet, dass Sie erst das Erbe versteuern müssen, das über den jeweiligen Steuerfreibetrag hinausgeht. Aus der nachfolgenden Tabelle ergeben sich die jeweiligen Steuerklassen mit ihren Freibeträgen, die ab dem 1.1.2009 gelten:

**STEUERFREIBETRÄGE (IN EURO)**

| Erwerber | Freibetrag neu | Freibetrag alt | Versorgungs-freibetrag | Hausrat | bewegliche Gegenstände |
|---|---|---|---|---|---|
| Ehegatte | 500.000 | 307.000 | 256.000 | 41.000 | 12.000 |
| eingetragener Lebenspartner | 500.000 | 5.200 | 256.000 | 41.000 | 12.000 |
| Kinder, Stiefkinder | 400.000 | 205.000 | 0–52.000 je nach Alter | 41.000 | 12.000 |
| Enkel | 200.000 | 51.200 | --- | 41.000 | 12.000 |
| Sonstige Personen der Steuerklasse I z.B. Eltern bei Erbschaft | 100.000 | 51.200 | --- | 41.000 | 12.000 |
| Personen Steuerklassen II und III, z.B. Neffe, Lebensgefährte | 20.000 | 5.200 bis 10.300 | --- | | 12.000 |

Sofern ein Enkelkind an Stelle seines vorverstorbenen Elternteils von den Großeltern erbt und sozusagen in der Erbfolge nachrückt, wird es steuerlich wie ein Kind des Erblassers behandelt und erhält den höheren Freibetrag in Höhe von 400.000 Euro.

## Die Steuersätze sind gestaffelt

Die Steuer richtet sich außerdem danach, wie hoch die Erbschaft insgesamt ist. Je nachdem, in welcher Steuerklasse man ist, sind die Steuersätze dafür unterschiedlich gestaffelt, wie sich aus der nachfolgenden Tabelle ergibt. Hier gilt, dass Personen mit dem engeren Verhältnis zum Erblasser in der günstigen Steuerklassen I niedriger besteuert werden. Für alle übrigen Erwerber in den Steuerklassen II und II wurden die Steuersätze einheitlich auf 30% angehoben. Damit sind die entfernteren Verwandten oder nicht verwandte Personen die Verlierer der Steuerreform, wenn sie müssen nach der Reform meist eine höhere Steuer zahlen.

Der eingetragene gleichgeschlechtliche Lebenspartner hat im neuen Steuererrecht eine Art Zwischenstellung  zwischen dem Ehegatten und einem Fremden erhalten. Er erhält zwar den hohen Steuerfreibetrag wie ein Ehegatte in Höhe von 500.000 Euro. Der Teil der Erbschaft, der den Freibetrag übersteigt, ist in der Steuerklasse III mit einem Steuersatz von 30% zu versteuern. In den meisten Fällen reicht der hohe Freibetrag jedoch aus.

**STEUERKLASSEN**

| Wert des steuerlichen Erwerbs bis einschließlich | Prozent in der Steuerklasse I | Prozent in der Steuerklasse II | Prozent in der Steuerklasse III |
| --- | --- | --- | --- |
| 75.000 Euro | 7 | 30 | 30 |
| 300.000 Euro | 11 | 30 | 30 |
| 600.000 Euro | 15 | 30 | 30 |
| 6.000.000 Euro | 19 | 30 | 30 |
| 13.000.000 Euro | 23 | 50 | 50 |
| 26.000.000 Euro | 27 | 50 | 50 |
| über 26.000.000 Euro | 30 | 50 | 50 |

# Wie errechnet sich der Wert der Erbschaft?

Das Bundesverfassungsgericht hatte mit seiner Entscheidung vom 7.11.2006 festgestellt, dass das bisherige Verfahren zur Bewertung von Immobilien und Betriebsvermögen zu willkürlichen Ergebnissen führte. Es hatte die bisher geltenden Regelungen zur Bewertung von Nachlässen und Schenkungen für verfassungswidrig erklärt.

Nach dem alten Bewertungsrecht gab es hohe Abschläge bei der Bewertung von Immobilien und Betriebsvermögen. So sind Grundstücke meist nur mit ca. 60 bis 80% ihres Verkehrswertes in die Berechnung der Steuer einbezogen worden. Nach der Entscheidung des Bundesverfassungsgerichtes von 2006 war der Gesetzgeber nunmehr verpflichtet, die Erbschaft- und Schenkungsteuer zu reformieren und die Bewertung von Immobilien und Betriebsvermögen zum Verkehrswert gewährleisten.

Wozu diese ungleiche Bewertung nach dem alten Recht führte, wird an folgendem Beispiel beim Vererben von Geld und Immobilien in einem Erbfall aus dem Jahr 2005 deutlich:

**ALTE REGELUNG: GRUNDSTÜCKSERBE STEUERLICH VON VORTEIL**

Frau Reich besaß ein Grundstück im Zeitwert von etwa 250.000 Euro und hatte außerdem ein Guthaben bei der Bank in Höhe von weiteren 250.000 Euro. Jedes ihrer beiden Kinder sollte die Hälfte erben. Dabei bestimmte Frau Reich, dass ihr Sohn Paul das Grundstück erhält und der Sohn Max das Geld bekommen soll. Im Jahr 2005 ist Frau Reich verstorben. Ihr Sohn Paul, der das Haus erbte, hatte Glück, denn mit den damaligen steuerlichen Bewertungsmaßstäben wurde das Haus im konkreten Fall mit 175.000 Euro bewertet. Der Steuerfreibetrag für Kinder betrug damals 205.000 Euro. Paul hatte also im Rahmen seines steuerlichen Freibetrags geerbt und musste keine Erbschaftsteuer zahlen.

Sein Bruder Max dagegen musste Erbschaftssteuern zahlen. Er hatte 250.000 Euro geerbt und damals lediglich einen Freibetrag von 205.000 Euro, sodass er den darüber liegenden Betrag von 45.000 Euro versteuern musste. Seinen steuerpflichtigen Erwerb musste er in der Steuerklasse I mit einem Prozentsatz von sieben Prozent versteuern. Er zahlte 3.150 Erbschaftssteuern an das Finanzamt.

## Wie werden Vermögenswerte nach der Reform bewertet?

Die Ungleichbehandlung von verschiedenen Vermögenswerten, wie im Beispiel oben geschildert, hat die Reform abgeschafft. Bei der Bewertung von Vermögenswerten wird jetzt grundsätzlich folgendermaßen vorgegangen:

- Im ersten Schritt wird bei allen Vermögenswerten vom vollen Verkehrswert ausgegangen.

- Im zweiten Schritt gibt es für bestimmte Vermögensgruppen Verschonungsregelungen, soweit Gründe des Gemeinwohls das rechtfertigen. Verschonungsregelungen sind Bestimmungen im Gesetz, die einen Vermögensgegenstand vor zu hoher Steuerbelastung schützen sollen

### Verschiedenen Verfahren um Immobilien zu bewerten

Grundsätzlich soll immer der Verkehrswert einer Immobilie ermittelt werden. Das ist der Wert, zu dem man das Grundstück an einen Fremden verkaufen könnte. Dabei gibt es unterschiedliche Bewertungsmethoden, um den Verkehrswert zu ermitteln.

1. Vergleichswertverfahren: Unbebaute Grundstücke werden nach dem Vergleichswertverfahren bewertet. Dabei übernimmt das Finanzamt 100% des Bodenrichtwertes aus der Bodenrichtwerttabelle. Das ist eine Zusammenstellung vom zuständigen Gutachterausschuss von den letzten vergleichbaren Verkäufen ähnlicher Flächen. Einen Abschlag von diesem Wert gibt es jetzt nicht mehr.

2. Vergleichswertverfahren oder Sachwertverfahren: Ein- und Zweifamilienhäuser und Eigentumswohnungen werden im Normalfall nach dem Vergleichswertverfahren bewertet. Dabei werden Kaufpreise vergleichbarer Objekte aus der Kaufpreissammlung des zuständigen Gutachterausschusses herangezogen. Sollte es keine vergleichbaren

Kaufpreise geben, wird das Sachwertverfahren angewendet, wonach Bodenwert und Wert des Gebäudes zusammengerechnet werden.

3. Ertragswertverfahren: Bei Mietwohngrundstücken, Geschäftsgrundstücken und gemischt genutzten Grundstücken wird der Verkehrswert nach dem Ertragswertverfahren berechnet. Diese Berechnungsmethode basiert auf den erzielten Mieteinnahmen des Grundstücks.

---

**WENN DAS FINANZAMT DIE IMMOBILIE ZU HOCH BEWERTET**

Sollten Sie feststellen, dass das Finanzamt die Immobilie zu hoch bewertet, können Sie einen Gutachter beauftragen, der gegebenenfalls einen niedrigeren Wert ermittelt und diesen geringeren Wert dem Finanzamt nachweisen. Die Bewertung durch das Finanzamt kann individuelle Besonderheiten eines Grundstückes im Einzelfall nicht immer berücksichtigen. Wertminderungen auf Grund zum Beispiel des Zustands der Bebauung, der Besonderheiten der Lage oder der unmittelbare Nähe einer Hochspannungsleitung können den Wert eines Grundstückes im Einzelfall mindern. Die Kosten eines solchen Privatgutachtens müssen Sie allerdings allein tragen.

## Wie werden Betriebsvermögen und das übrige Vermögen bewertet?

Auch für Betriebsvermögen wird zunächst der Verkehrswert ermittelt. Je nach Art des Betriebsvermögens gelten dafür unterschiedliche Wertermittlungsverfahren. Da diese Regelungen sehr kompliziert sind, sollte Sie unbedingt die Hilfe eines Steuerberaters in Anspruch nehmen.

Der Wert des übrigen Vermögens kann meist unkompliziert ermittelt werden. Geld und Aktien gehen mit dem Nennwert am Todestag in die Berechnung ein. Antiquitäten müssen gegebenenfalls geschätzt werden.

## Verschonungsregelungen

Für bestimmte Vermögenswerte gibt es nach der entsprechenden Bewertung mit dem Verkehrswert Verschonungsregelungen, um die konkrete Steuerlast zu mildern.

- Vermietetes Grundvermögen
  Ist eine Wohnimmobilie vermietet, wird auf den Verkehrswert ein Verschonungsabschlag in Höhe von 10% gewährt.

- Selbst genutzte Immobilie
  Die Verschonungsregelungen für die selbst genutzte Immobilie kommt immer dann zum Tragen, wenn die hohen persönlichen Freibeträge von Ehegatten, eingetragenen Lebenspartnern und Kindern nicht ausreichen, weil der Nachlass bzw das Geschenk den Freibetrag übersteigen. Für Ehegatten und eingetragene Lebenspartner bleibt der Erwerb des Familienwohnsitzes steuerfrei, wenn er das Familienwohnheim weiterhin selbst nutzt und dort noch 10 Jahre bleibt. Sollte er dagegen vorher ausziehen bzw. das Familienwohnheim vermieten oder verkaufen, entfällt die Verschonungsregelung rückwirkend. Verstirbt der Ehegatte oder muss er bei Pflegestufe 3 in ein Heim, ist dies jedoch unschädlich. Für Kinder gelten diese Regelungen ebenfalls, allerdings nur bis zu einer Wohnfläche von 200 qm. Ist die Wohnfläche größer, gilt die Verschonungsregelung anteilig.

### Besondere Verschonungsregeln für Betriebsvermögen

Für gewerbliches, freiberufliches und land- und forstwirtschaftliches Betriebsvermögen sowie Anteile an Kapitalgesellschaften von mehr als 25% im Privatvermögen gelten ebenfalls Verschonungsregelungen. Diese sollen hier nur kurz angerissen werden, da die Verschonungsregelungen im Einzelnen kompliziert und umfangreich geregelt wurden.

Als begünstigtes Betriebsvermögen gilt nur der so genannte „betriebsnotwendige" Teil des Betriebsvermögens. Für das Verwaltungsvermögen des Betriebes wie z.B. Wertpapiere im Betriebsvermögen, gibt es keine Verschonungsregelungen. Dieses Verwaltungsvermögen ist aus dem Betriebsvermögen herauszurechnen. Kleinere Betriebe bis zu einem Betriebsvermögen in Höhe von 150.000 Euro sind von der Steuer verschont. Der Erwerber des begünstigten Betriebsvermögens ist in die Steuerklasse I einzuordnen, selbst dann, wenn er nicht mit dem Erblasser verwandt ist.

Für weitere Verschonungen von Betriebsvermögen hat der Erwerber eines Betriebes die Wahl zwischen

- einem Verschonungsabschlag von 85%, wenn er den Betrieb mindestens 7 Jahre fortführt und 650% der Lohnsumme in diesen 7 Jahren hält oder

- einer 100%igen Verschonung, wenn er den Betrieb mindestens 10 Jahre behält. Dann muss er allerdings die Lohnsumme in diesen 10 Jahren bei 100% halten.

Schafft es der Erwerber des Betriebes nicht, den Betrieb diese 7 oder 10 Jahre fortzuführen, entfällt die Verschonung anteilig für die nicht geschaffte Zeit.

Diese äußerst komplizierten Regelungen können im Einzelfall zu einem völligen Wegfall der Steuer oder einer deutlich höheren Steuerbelastung führen.

**STEUERBERATER HINZUZIEHEN**

Wenn Sie nicht wissen, wie Sie die Erbschaftsteuererklärung richtig ausfüllen, können Sie sich im Zweifelsfall den Rat und die Hilfe eines Steuerberaters einholen. Da es sich hier um ein Rechtsgebiet handelt, auf dem es häufig Veränderungen gibt, sollten Sie eine solche Steuererklärung nur in ganz einfachen Fällen selbst ausfüllen. Bei der Betriebsnachfolge ist auf Grund der komplizierten Regelungen der Reform zu empfehlen, keinesfalls eine Steuererklärung oder Betriebsnachfolge ohne Mitwirkung eines Steuerberaters vorzunehmen.

## Übergangsregelungen

Bei Erbfällen zwischen dem 31.12.2006 und dem 31.12.2008 besteht ein Wahlrecht, ob ein Erbfall nach alten oder neuem Erbschaftsteuerrecht zu behandeln ist. Die neuen und höheren Steuerfreibeträge gelten dabei jedoch nicht. Dieses Wahlrecht kann bis zum 30.06.2008 dem Finanzamt gegenüber ausgeübt werden. Für Schenkungen aus dieser Zeit gibt es kein Wahlrecht. Diese sind immer nach dem alten Schenkungsteuerrecht zu versteuern.

### Die Verlierer der Reform

Da die Reform der Erbschaft- und Schenkungsteuer steuerneutral vorgenommen wurde, gibt es Gewinner und Verlierer. Im engen Familienkreis zwischen Ehegatten, eingetragenen gleichgeschlechtlichen Lebenspartnern, Kindern, Eltern und Enkeln wird die höhere Bewertung von Immobilien und Betriebsvermögen durch die Erhöhung der persönlichen Freibeträge mehr als ausgeglichen, so dass nur noch in wenigen Fällen Erbschaft- oder Schenkungsteuer zu zahlen ist. Wenn jedoch die Personen der Steuerklassen II und III erben oder beschenkt werden, führt die höhere Bewertung trotz der geringen Erhöhung der persönlichen Freibeträge meist zu einer höheren Steuer. Insbesondere Neffen, Nichten, Geschwister und Lebensgefährten sind damit die Verlierer der Reform.

 **TRAGEN SIE HIER DIE BEISPIEL-ÜBERSCHRIFT EIN**

Die beiden Nichten Heike und Kerstin beerben ihrer Tante zu je ½ Anteil. Im Nachlass befindet sich als einziger Vermögensgegenstand das Haus der Tante im Wert von 300.000 Euro. Wieviel Erbschaftsteuer zahlen Heike und Kerstin, wenn die Tante entweder im Jahr 2005 oder im Jahr 2009 verstorben ist?

Im Jahr 2005 wurde das Grundstück der Tante entsprechend der damals geltenden Bewertungsmaßstäbe mit ca. 200.000 Euro bewertet. Eine Nichte hatte im Jahr 2005 einen Freibetrag von nur 10.300 Euro. Für den Erwerb des halben Hauses gilt der Steuersatz von 17%.

Im Jahr 2009 wird das Haus mit seinem Verkehrswert in die Berechnung eingestellt. Eine Nichte hat jetzt einen geringfügig erhöhten Freibetrag in Höhe von 20.000 Euro. Dafür muss eine Nichte jetzt alles was den Freibetrag übersteigt, mit 30% versteuern.

Steuerberechnung für Nichten im Jahr 2005

| | |
|---|---|
| Heike und Kerstin je ½ Haus, Steuerwert | 100.000 Euro |
| Persönlicher Freibetrag pro Nichte | – 10.300 Euro |
| Zu versteuern | 89.700 Euro |
| Steuern 17% pro Nichte | 15.249 Euro |

Steuerberechnung für Nichten im Jahr 2009

| | |
|---|---|
| Heike und Kerstin je ½ Haus, Steuerwert | 100.000 Euro |
| Persönlicher Freibetrag pro Nichte | – 10.300 Euro |
| Zu versteuern | 89.700 Euro |
| Steuern 17% pro Nichte | 15.249 Euro |

Die Berechnung zeigt, dass nach der Reform eine deutlich höhere Steuerbelastung für die beiden Nichten Heike und Kerstin anfällt. Für jede der beiden erhöht sich der Steuerbetrag um knapp 24.000 Euro. In der Zukunft stellt sich die Frage, ob sich der Erwerber eine derartige Erbschaft leisten kann, ohne dass er die Immobilie verkaufen muss.

## Regelungen der Unternehmensnachfolge

Lange haben wir auf die Reform im Erbschaft- und Schenkungsteuerrecht gewartet. Was lange währt, wird jedoch leider nicht immer gut. Wie Sie an den dargestellten Neuregelungen zur Bewertung von Betriebsvermögen und den entsprechenden Verschonungsregelungen erkannt haben, hat die Reform nur manches vereinfacht, aber vieles komplizierter geregelt. Testamente bei Betriebsvermögen und Betriebsübergaben sind ein schwieriges Feld geworden.

# Der Gang zum Anwalt

Manche Menschen scheuen sich, im Bedarfsfall einen Anwalt aufzusuchen, weil diese Situation für sie ungewohnt ist. Vor dem Gang zum Anwalt brauchen Sie als Ratsuchender jedoch keine Angst zu haben. Es ist wichtig, einige Spielregeln zu kennen, um sich sicherer zu fühlen.

## Wie finde ich den richtigen Anwalt?

Bei der Suche nach einem geeigneten Anwalt sollten Sie sich in erster Linie auf Empfehlungen von Freunden und Bekannten verlassen. Sie sollten allerdings beachten, dass sich ein Anwalt, der im Arbeitsrecht ausgezeichnete Arbeit leistet, nicht zwangsläufig mit Erbrecht auskennen muss. Kein Anwalt kann überall gut sein. So wie es nicht den Arzt gibt, der alle Spezialgebiete der Medizin beherrschen kann, kann es auch nicht den Anwalt geben, der das gesamte Recht beherrscht. Sie sollten sich erkundigen, welcher Rechtsanwalt für das spezielle gewünschte Rechtsgebiet geeignet ist.

### Rechtsanwaltskammer

Wenn Sie sich nicht auf eine Empfehlung verlassen können oder wollen, sollten Sie sich bei der zuständigen Rechtsanwaltskammer erkundigen. Die Anwaltskammer kann Ihnen Namen von Anwälten nennen, die sich auf das spezielle Rechtsgebiet spezialisiert haben.

Auch die örtlichen Anwaltsvereine geben Auskunft. Daneben steht das Internet zur Verfügung. Über einen Anwaltssuchdienst können Sie Namen und Anschriften geeigneter Anwaltskanzleien erfragen. Im Notfall helfen auch das Telefonbuch oder die Gelben Seiten weiter.

# Das Gespräch mit dem Anwalt

Sind Sie sich noch nicht darüber im Klaren, ob Sie den Anwalt überhaupt beauftragen wollen, ob sich die Sache lohnt oder ob Sie die Angelegenheit allein bewältigen können, bietet sich zunächst ein Beratungsgespräch im Rahmen einer Erstberatung an. In einem solchen Beratungsgespräch können Sie mit dem Rechtsanwalt gemeinsam alle Probleme, ein eventuelles Kostenrisiko und gegebenenfalls die Erfolgsaussicht eines Falles besprechen. Für den Fall, dass der Rechtsanwalt die Frage der Kosten der Beratung oder einer eventuellen späteren Vertretung nicht selbst ansprechen sollte, dürfen Sie keine Scheu haben, dieses Thema von sich aus anzusprechen.

Vor einem Gespräch mit dem Anwalt ist es erforderlich, dass Sie sich selbst darüber klar werden, was Sie eigentlich wollen, und dass Sie Ihre Gedanken ordnen. Hilfreich kann es sein, einen kleinen Stichpunktzettel mitzunehmen, um keine Frage zu vergessen. Sofern Sie sich im Büro des Anwalts einen Termin geben lassen, sollten Sie fragen, welche Unterlagen mitzubringen sind. Gibt es vielleicht schon umfangreichen Schriftwechsel in der Sache, ist es hilfreich, wenn diese Vorkorrespondenz nach Datum bzw. nach Themen vorsortiert ist. Der Anwalt kann sich dann leichter den Überblick über die Sache verschaffen. Außerdem kann es nützlich sein, dem Anwalt Kopien von wichtigen Unterlagen mitzubringen, wenn feststeht, dass dieser beauftragt werden soll.

 **DER ANWALT MUSS VERSTÄNDLICH SEIN**

Wichtig ist, dass der Anwalt Ihnen die Sach- und Rechtslage verständlich erklären kann. Haben Sie beispielsweise die Bedeutung verschiedener juristischer Fachbegriffe nicht verstanden, sollten Sie unbedingt nachfragen, und sich das genauer erläutern lassen. Sie sollten das Vorgehen Ihres Anwalts verstehen und nachvollziehen können. Zu diesem Zweck ist es erforderlich, dass der Anwalt mit Ihnen vorher die Strategie und mögliche Alternativen abspricht.

Im Erbrecht können insbesondere bei Erbauseinandersetzungen komplizierte Sachverhalte auftreten. Es ist wichtig, dass Sie die Schriftsätze Ihres
Anwalts gründlich lesen. Es kann vorkommen, dass es bei der Darstellung
des Sachverhalts Übertragungsfehler oder Missverständnisse zwischen Ihnen und dem Anwalt gibt. Für den Anwalt ist es eine Hilfe, wenn Sie als
sein Mandant derartige Unklarheiten aufdecken und ihn darauf aufmerk-
sam machen. Haben Sie ein Problem im Schriftsatz falsch verstanden,
werden Sie sich sicherer fühlen, wenn Ihr Anwalt es Ihnen auf Nachfrage
erläutert. Sie und Ihr Anwalt sollten als Team zusammenarbeiten.

In vielen Erbangelegenheiten, insbesondere bei Testamentsangelegenhei-
ten, sind die Familien- und Vermögensverhältnisse einfach gelagert. Hier
reicht eine Beratung mitunter dafür aus, dass der Mandant beispielsweise
anschließend selbstständig sein Testament anfertigen kann.

## Was kostet der Anwalt?

Seit dem 01.07.2004 richten sich die Gebühren für anwaltliche Beratung
und Vertretung nach dem Rechtsanwaltsvergütungsgesetz. Dabei kann es
im Einzelnen zu folgenden Gebühren kommen:

- Für eine Erstberatung können Gebühren bis zur Höhe von maximal
  190 Euro + Mehrwertsteuer entstehen, wobei diese Obergrenze nicht in
  jedem Fall ausgeschöpft wird.

- Im Übrigen richten sich die Gebühren für die Übernahme einer Angelegenheit nach der Höhe des Gegenstandswerts. Der Anwalt muss im
  Gespräch ermitteln, um welche Werte es eigentlich geht. In einer ge-
  setzlich festgelegten Tabelle ist anhand der jeweiligen Gegenstands-
  wertstufe die Gebühr abzulesen. Dieser Wert wird mit dem Gebührensatz multipliziert.

Für außergerichtliche Verfahren entsteht zunächst die Geschäftsgebühr,
die einen Gebührensatz von 0,5 bis 2,5 vorsieht. Für durchschnittlich

schwierige Angelegenheiten gilt ein Gebührensatz von 1,3. Ist die Sache jedoch besonders aufwändig und kompliziert, kann die Obergrenze von 2,5 ausgeschöpft werden. Für einen außergerichtlichen Vergleich entsteht zusätzlich die Einigungsgebühr mit einem Gebührensatz von 1,5.

 **BERECHNUNG DER GEBÜHREN BEI AUßERGERICHTLICHEN VERFAH-**

Frau Meier möchte ihren Pflichtteil nach ihrer verstorbenen Mutter geltend machen, da sie enterbt wurde. Es geht dabei um Ansprüche von ca. 3.000 Euro. Die Angelegenheit ist durchschnittlich schwierig. Ihrem Rechtsanwalt gelingt mit einem außergerichtlichen Vergleich die Durchsetzung der Ansprüche in Höhe von 2.500 Euro. Welche Gebühren entstehen beim Anwalt?

Für die Beauftragung entsteht eine Geschäftsgebühr mit einem Gebührensatz in Höhe von 1,3 auf den Gegenstandswert von 3.000 Euro. Zusätzlich entsteht für den Vergleich eine Einigungsgebühr mit einem Gebührensatz von 1,5 ebenfalls auf den Wert von 3.000 Euro.

| Geschäftsgebühr | 1,3 | Wert 3.000,00 | 245,70 |
| Einigungsgebühr | 1,5 | Wert 3.000,00 | 283,50 |
| Nettogebühren | | | 529,20 |

Hätte Frau Meier höhere Ansprüche, beispielsweise Pflichtteilsansprüche in Höhe von 10.000 Euro, wäre die Rechnung ebenfalls höher:

| Geschäftsgebühr | 1,3 | Wert 10.000,00 | 631,80 |
| Einigungsgebühr | 1,5 | Wert 10.000,00 | 729,00 |
| Nettogebühren | | | 1.360,80 |

Zu diesen Nettogebühren kommen jeweils die Postgebühren und die Mehrwertsteuer in Höhe von 19 Prozent.

Geht es um einen Streit vor Gericht, entsteht beim Anwalt für die Übernahme des Mandats in der ersten Instanz die Verfahrensgebühr mit einem Gebührensatz in Höhe von 1,3. Für die Wahrnehmung von Gerichtsterminen entsteht die Terminsgebühr mit einem Gebührensatz in Höhe von 1,2. Kommt im Gerichtsverfahren ein Vergleich zustande, entsteht daneben eine Einigungsgebühr in mit einem Gebührensatz in Höhe von 1,0.

**BERECHNUNG DER ANWALTSKOSTEN BEI EINEM STREIT VOR GERICHT**

Herr Motzen ist von seinem Onkel in dessen Testament mit einem Vermächtnis im Wert von 3.000 Euro bedacht worden. Der Erbe verweigert die Herausgabe. Herr Motzen beauftragt einen Rechtsanwalt, der Klage einreicht. Im Verhandlungstermin kommt es zum Vergleich. Welche Kosten entstehen für den Anwalt?

| Verfahrensgebühr | 1,3 | Wert 3.000,00 | 245,70 |
|---|---|---|---|
| Terminsgebühr | 1,2 | Wert 3.000,00 | 226,80 |
| Einigungsgebühr | 1,0 | Wert 3.000,00 | 189,00 |
| Nettogebühren | | | 661,50 |

Wäre der Wert des Vermächtnisses höher und läge bei 10.000 Euro, würde das Rechenwerk wie folgt aussehen:

| Verfahrensgebühr | 1,3 | Wert 10.000,00 | 631,80 |
|---|---|---|---|
| Terminsgebühr | 1,2 | Wert 10.000,00 | 583,20 |
| Einigungsgebühr | 1,0 | Wert 10.000,00 | 486,00 |
| Nettogebühren | | | 1.701,00 |

Zu diesen Nettogebühren kommen jeweils Postgebühren und Mehrwertsteuer in Höhe von 19 Prozent. Im Gerichtsverfahren wird entschieden, welche Seite in welcher Höhe die Kosten des Verfahrens zu tragen hat. Sind auf beiden Seiten Anwälte tätig, entstehen jeweils Anwaltsgebühren. Zu den Verfahrenskosten gehören auch die Gerichtskosten.

Viele Anwälte arbeiten auch auf Stundenhonorarbasis, wobei die Höhe des Stundenhonorars Verhandlungssache zwischen Anwalt und Mandant ist. Zum Stundenhonorar kommen dann jeweils auch wieder Postgebühren und Mehrwertsteuer in Höhe von 19 Prozent.

## Bekomme ich Hilfe, wenn ich kein Geld habe?

### Prozesskostenhilfe

Wer das Geld für ein Gerichtsverfahren nicht aus eigener Kraft aufbringen kann, kann Prozesskostenhilfe beantragen. Die Zivilprozessordnung § 114 regelt dazu:

> „Eine Partei, die nach ihren persönlichen und wirtschaftlichen Verhältnissen die Kosten der Prozessführung nicht, nur zum Teil oder nur in Raten aufbringen kann, erhält auf Antrag Prozesskostenhilfe, wenn die beabsichtigte Rechtsverfolgung oder Rechtsverteidigung hinreichend Aussicht auf Erfolg bietet und nicht mutwillig erscheint."

Prozesskostenhilfe erhalten Sie, wenn Sie für die Kosten nicht aufkommen können und Ihr Prozess eine Erfolgsaussicht hat. Wird Prozesskostenhilfe bewilligt, müssen Sie auf die Gerichts- und Anwaltskosten entweder keine Zahlungen leisten oder Teilzahlungen in Raten. Diese Raten müssen Sie maximal 48 Monate aus ihrem Einkommen bezahlen. Verbessert sich Ihre finanzielle Lage wesentlich, können Sie vom Gericht bis zu vier Jahre nach Abschluss des Prozesses für die Zahlungen herangezogen werden.

Prozesskostenhilfe beantragen Sie bei dem Gericht, bei dem der Rechtsstreit bereits anhängig ist oder anhängig gemacht werden soll. In einem Formular müssen Sie umfangreiche Angaben zu Ihren persönlichen und wirtschaftlichen Verhältnissen machen und die entsprechenden Beweismittel dafür beifügen.

 **WENN DIE AUSSICHT AUF ERFOLG NICHT KLAR IST**

Es gibt Fälle, in denen sich der Antragsteller nicht sicher ist, ob seine Klage Aussicht auf Erfolg hat. Wird die Klage eingereicht und gleichzeitig Prozesskostenhilfe beantragt, kann es vorkommen, dass die Prozesskostenhilfe wegen mangelnder Erfolgsaussicht abgelehnt wird. In derartigen Fällen können Sie die Klage lediglich als Entwurf einreichen. Gleichzeitig können Sie dem Gericht mitteilen, dass die im Entwurf mitgeschickte Klage nur dann eingereicht werden soll, wenn das Gericht die Prozesskostenhilfe bewilligt. Damit ist das Kostenrisiko für Sie gering, falls die Prozesskostenhilfe abgelehnt wird.

### Beratungshilfe

Wenn Sie die Kosten für eine Beratung aufgrund Ihrer beengten finanziellen Verhältnisse nicht aufbringen können, können Sie einen Antrag auf Beratungshilfe stellen. Einen solchen Antrag stellen Sie beim Amtsgericht Ihres Wohnortes. Dabei müssen Sie zum Nachweis Ihrer wirtschaftlichen Verhältnisse zum Beispiel Renten- oder Sozialhilfebescheid mitbringen und wiederum ein Formular über Ihre persönlichen und wirtschaftlichen Verhältnisse ausfüllen.

**BERATUNGSHILFESCHEIN VOR DER BERATUNG HOLEN**

Zur reibungslosen Abwicklung der Beratung beim Anwalt ist es zu empfehlen, vor der Beratung beim Anwalt einen Beratungshilfeschein zu holen. Damit steht für Sie fest, dass die Beratungshilfe vom Gericht tatsächlich bewilligt wird, und es kann keine unliebsamen Überraschungen geben.

Beim Anwalt bezahlen Sie für die Beratung mit Beratungshilfeschein dann höchstens noch zehn Euro. Der Anwalt erhält aus der Gerichtskasse eine Gebühr in Höhe von maximal 30 Euro für die Beratung. Geht die Tätigkeit im Rahmen der Beratungshilfe über die reine Beratung hinaus, kann diese Gebühr für den Anwalt in geringem Umfang steigen.

## Wann hilft die Rechtsschutzversicherung?

Haben Sie eine Rechtsschutzversicherung abgeschlossen, sind Sie vielleicht der Auffassung, dass damit alle Kosten, insbesondere auch in Erbsachen, von der Versicherung übernommen werden. Viele Rechtsschutzversicherungen zahlen im Erbrecht jedoch lediglich den Beratungsrechtsschutz. Das bedeutet, dass die Versicherung nur für eine Rechtsberatung zahlt, die nicht im Zusammenhang mit einer weiteren kostenpflichtigen Tätigkeit des Anwalts steht. Einzelne Versicherungen übernehmen auch weitergehende Kosten im Erbrecht. Das ergibt sich im Einzelfall jeweils aus dem abgeschlossenen Versicherungsvertrag und den allgemeinen Bedingungen der Versicherung.

Häufig wird nicht beachtet, dass die Rechtsschutzversicherung für die Beratung im Erbrecht nur dann zahlen muss, wenn ein Versicherungsfall vorliegt. Ein Versicherungsfall liegt vor, wenn sich beim Versicherungsnehmer oder einer mitversicherten Person die Rechtslage durch ein bestimmtes Ereignis ändert. Das ist beispielsweise dann der Fall, wenn ein Sterbefall eingetreten ist, aufgrund dessen der Versicherungsnehmer Ansprüche hat oder Ansprüche abwehren muss. Wollen Sie sich lediglich vorbeugend beim Rechtsanwalt über die gesetzliche Erbfolge oder die Testamentsgestaltung informieren, muss die Versicherung nicht zahlen. Viele Versicherungen übernehmen diese Kosten trotzdem als Kulanzleistungen. Es erspart Ärger und Ungewissheit, wenn Sie sich vor der Beratung beim Anwalt mit Ihrer Versicherung in Verbindung setzen und sich eine schriftliche Deckungszusage geben lassen.

 **RÜCKWIRKENDES ENTFALLEN DES VERSICHERUNGSSCHUTZES**

Vielen Versicherungsnehmern bzw. mitversicherten Personen ist nicht bekannt, dass der Beratungsrechtsschutz rückwirkend entfallen kann, wenn der Anwalt nach der erteilten Rechtsberatung im Erbrecht später in dieser Sache weiter tätig wird. Auch hier kann es aber Kulanzleistungen der Versicherung geben.

Häufig haben Rechtsschutzversicherungen in den Verträgen Regelungen, dass sie erst nach einer Wartezeit von drei Monaten leisten müssen. Ist ein Versicherungsfall wie beispielsweise ein Sterbefall eingetreten, ist es zu spät, eine Rechtsschutzversicherung abzuschließen. Die Versicherung muss die Beratung für den Rechtsstreit im Zusammenhang mit diesem Sterbefall nicht übernehmen. Im Einzelfall sind auch hier Kulanzleistungen der Versicherung möglich.

# Zusätzliche Maßnahmen zur Erbregelung

Mitunter ist es nicht ausreichend, nur ein Testament zu verfassen. Wenn sich ein künftiger Erblasser die Vermögensnachfolge insgesamt ansieht, kommt er in vielen Fällen zum Schluss, dass weitere Maßnahmen erforderlich sind, um das Vermögen gezielt und geplant auf die nächste Generation zu übertragen.

## Grundstück bereits zu Lebzeiten verschenken

### Zuschauerfrage an die Redaktion „Escher – Der MDR-Ratgeber"

Frau Franz aus Leipzig:

„Vor zwei Jahren ist mein Mann verstorben. Nach unserem Berliner Testament habe ich alles geerbt. Jetzt wohne ich ganz allein in unserem Haus und es fällt mir sehr schwer, alles in Ordnung zu halten. Der Garten ist sehr groß und am Haus stehen teure Reparaturen an. Der Verkehrswert des Hauses liegt bei ca. 120.000 Euro. Sonst habe ich kein nennenswertes Vermögen. Ich habe ein Kind, meinen Sohn Dieter. Er würde gern mit seiner Familie in das Haus einziehen. Ich könnte im Haus bleiben. Dann hätte ich endlich Hilfe für die viele Arbeit am Haus. Dieter drängt mich, ihm das Haus jetzt schon zu schenken. Er meint, damit könnten wir Erbschaftsteuern sparen. Muss ich ihm wirklich das Haus jetzt schon geben wegen der hohen Steuern?"

Nein, aus Gründen der Erbschaftsteuer müssen Sie das nicht. Ihr Sohn hat einen Steuerfreibetrag in Höhe von 400.000 Euro. Erbt er allein nach Ihrem Tod, wird dieser Steuerfreibetrag nicht überschritten.

Wie Sie geschildert haben, fällt Ihnen jedoch die Bewirtschaftung des Hauses schwer. Wenn teure Reparaturen anstehen, ist es fraglich, ob Ihre bescheidenen sonstigen Mittel dafür ausreichen. Möglicherweise erhalten Sie keinen Kredit von der Bank, um die Bauarbeiten zu finanzieren. Im Hinblick auf diese Probleme kann es durchaus sinnvoll sein, wenn Sie Ihrem Sohn das Grundstück jetzt schon übertragen. Als neuer Eigentümer des Grundstücks müsste er dann für Bewirtschaftung und Reparaturen aufkommen. Falls Sie sich für eine Schenkung an Ihren Sohn entscheiden, denken Sie bitte unbedingt daran, sich im Notarvertrag ein Wohnrecht zu sichern.

Manchmal bietet es sich bereits zu Lebzeiten an, ein Grundstück ganz oder teilweise beispielsweise auf ein Kind zu übertragen. Gründe dafür können sein, dass Sie bei einem sehr wertvollen Grundstück die spätere hohe Belastung mit der Erbschaftsteuer vermeiden möchten, indem Sie bereits einen Grundstücksanteil schenken bzw. dass Sie die Zehnjahresfrist für Pflichtteilsergänzungsansprüche beginnen lassen möchten, wenn es darum geht, dass ein Pflichtteilsberechtigter so wenig wie möglich erhalten soll.

Bei all diesen Überlegungen zur Grundstücksübertragung sollten Sie immer bedenken, dass Ihnen das Grundstück nach der Schenkung nicht mehr bzw. nicht mehr allein gehört. Zwar werden Sie sich, wie in den meisten Fällen, im Notarvertrag ein Wohnrecht vorbehalten, aber das Grundstück können Sie hinterher nicht mehr verkaufen. Auch wenn es darum geht, die Erbschaftsteuer zu sparen, sollten Sie daran denken, dass das Schöne an der Erbschaftsteuer darin besteht, das Sie diese nicht mehr selbst zahlen müssen. Sofern neben einer eventuellen Steuerersparnis noch weitere Gründe hinzukommen, kann eine zeitige Schenkung jedoch durchaus sinnvoll sein.

# Versicherungspolicen überprüfen

### Zuschauerfrage an die Redaktion „Escher – Der MDR-Ratgeber"

Herr Morgen aus Rosenheim:

„Gemeinsam mit meiner Frau habe ich zwei Kinder, die noch minderjährig sind. Vor einem halben Jahr ist meine Frau bei einem Verkehrsunfall ums Leben gekommen. Die Regelung der Erbschaft ist nicht das Problem, denn wir hatten ein Testament. Schwierigkeiten habe ich mit der Lebensversicherung meiner Frau. Die Versicherung hat die Summe nicht an mich oder die Kinder ausgezahlt, obwohl ich Alleinerbe bin. Sie hat an meine Schwiegermutter gezahlt. Diese Versicherung hatte meine Frau schon vor unserer Ehe abgeschlossen. Ihre Mutter hatte sich in dieser Zeit scheiden lassen. Meine Frau wollte damals ihre Mutter absichern und hat sie als Begünstigte eintragen lassen. Meine Frau hätte sicher gewollt, dass ich oder die Kinder das Geld erhalten. Die Kinder sind in der Ausbildung. Wieso zahlt die Versicherung nicht an mich?"

Die Lebensversicherung Ihrer Frau ist ein sogenannter Vertrag zugunsten Dritter. Sie fällt damit nicht in den Nachlass, den Sie als Alleinerbe erhalten. Ihre Frau hat ausdrücklich Ihre Schwiegermutter im Versicherungsvertrag eingesetzt. Leider hat Ihre Frau vergessen, nach Eheschließung und nach der Geburt der Kinder diese alte Eintragung zu ändern. Damit ist Ihre Schwiegermutter leider diejenige, die die Versicherungssumme erhält.

Im Hinblick auf Lebensversicherungen sollten Sie in gewissen Zeitabständen die Verträge prüfen, ob es immer noch Ihren Zielen entspricht, welche Person jeweils als Begünstigter eingesetzt wurde. Wenn ein Junggeselle heiratet und eine Familie gründet, sollte er daran denken, auch seine Versicherungen dahin gehend zu überprüfen, dass die jeweils begünstigte Person auch dem aktuellen Stand der Familienverhältnisse entspricht.

# Stiefkinder im Erwachsenenalter adoptieren

Es gibt viele Familien, in denen mitgebrachte Kinder eines Ehegatten vom neuen Ehepartner so aufgezogen werden als ob es die eigenen seien. Oft haben sich hier echte Eltern-Kind-Verhältnisse entwickelt, auch wenn der Stiefelternteil nicht der leibliche Elternteil ist. In den meisten Fällen erfolgte keine Adoption des mitgebrachten Kindes durch den neuen Elternteil, weil dadurch der Unterhaltsanspruch des Kindes gegen den leiblichen Elternteil verloren gegangen wäre.

Manche Familien bereuen es heute, dass der neue Elternteil nicht das mitgebrachte Kind adoptiert hat, und halten das für einen Fehler, der nicht wieder gut zu machen sei. Meist ist es nicht bekannt, dass in der heutigen Zeit auch eine volljährige Person adoptiert werden kann. Auch eine Person, die über 18 Jahre alt ist und bereits seit längerer Zeit wirtschaftlich selbstständig ist und nicht mehr bei den Eltern wohnt, kann vom Stiefelternteil adoptiert werden.

Wählt man dabei eine Adoption mit sogenannter „schwacher Wirkung", bleibt das Verwandtschaftsverhältnis zum leiblichen Elternteil erhalten. Mit einer solchen Adoption gelingt sozusagen das biologisch Unmögliche, dass das erwachsene Adoptivkind einen zusätzlichen Vater oder eine zusätzliche Mutter erhält, ohne dass die verwandtschaftliche Beziehung zum leiblichen Elternteil gelöst wird. Das bedeutet, dass das Adoptivkind nach beiden Elternteilen, also beispielsweise dem leiblichen Vater und auch dem Adoptivvater, erben kann.

## Wie und wo wird die Adoption beantragt?

Der adoptierende Elternteil stellt dazu einen notariellen Antrag auf Annahme an Kindes statt, der beim Vormundschaftsgericht eingereicht wird. Dem Antrag ist ein Auszug aus dem Strafregister des adoptierenden Elternteils beizufügen. Das zu adoptierende Kind erklärt sein Einverständnis zur Adoption. Sonstige Geschwisterkinder oder der leibliche Elternteil des Kindes können angehört werden. In einer Anhörung des zu adoptierenden Kindes und des Adoptierenden verschafft sich das Vormundschaftsgericht Gewissheit darüber, ob in diesem Fall ein echtes Eltern-Kind-Verhältnis vorliegt. Kommt das Gericht zu dem Schluss, dass eine solche Beziehung vorliegt, wird die Adoption ausgesprochen.

## Die Adoption schafft auch Pflichten

Mit einer Adoption schaffen die Beteiligten aber nicht nur Rechte, sondern gehen selbstverständlich auch Pflichten ein. Das adoptierte Kind und der adoptierende Elternteil gelten dann im Unterhaltsrecht als Blutsverwandte und sind sich gegenseitig zum Unterhalt verpflichtet, sodass ein solcher Schritt gut überlegt sein will. Wird beispielsweise die adoptierte Tochter zum Sozialfall, kann der Adoptivvater zum Unterhalt herangezogen werden. Kommt der Adoptivvater in ein Pflegeheim, muss die adoptierte Tochter unter Umständen für ihn Unterhalt zahlen, nämlich dann, wenn seine Rente, ein eventuelles Pflegegeld und seine Ersparnisse nicht ausreichen und die Adoptivtochter selbst leistungsfähig ist.

Aus diesen Gründen sollten Sie immer bedenken, dass eine Adoption nur dann sinnvoll und richtig ist, wenn tatsächlich eine Eltern-Kind-Beziehung entstanden ist. Dann wird keiner der Beteiligten zu etwas verpflichtet, was er nicht ohnehin aus moralischen Erwägungen heraus tun würde. Außerdem dürfen Sie nicht vergessen, dass der adoptierende Elternteil sich von seinem Ehegatten unter Umständen scheiden lassen kann, aber ein Adoptivkind im Normalfall für sein ganzes Leben behält. Eine Volljährigenadoption sollten Sie nicht leichtfertig anstreben.

### Zuschauerfrage an die Redaktion „Escher – Der MDR-Ratgeber"

Herr Fuhrmann aus Gütersloh:

„Ich bin seit vier Jahren mit meiner Frau verheiratet und habe keine leiblichen Kinder. Meine Frau hat eine Tochter in die Ehe gebracht, die inzwischen 19 Jahre alt ist. Da sie ausgelernt hat, erhält sie keinen Unterhalt mehr von ihrem leiblichen Vater. Meine Frau drängt jetzt, dass ich ihre Tochter als Volljährige adoptiere. Ich habe nichts gegen das Mädchen, doch irgendwie habe ich kein gutes Gefühl bei dem Gedanken an eine Adoption. Vielleicht liegt es daran, dass die Tochter schon 14 Jahre alt war, als ich meine Frau kennenlernte. Soll ich sie doch adoptieren?"

Wenn Ihr Gefühl Sie warnt, sollten Sie auf Ihr Gefühl hören. Eine Adoption scheint in Ihrem Fall nicht der richtige Schritt zu sein. Ein Vater-Tochter-Verhältnis haben Sie offensichtlich nicht zu dem Mädchen entwickeln können. Das ist aber die wichtigste Voraussetzung für eine Volljährigenadoption. Sprechen Sie mit Ihrer Frau über Ihre Bedenken. Wenn Sie länger verheiratet sind, kann es sein, dass Sie vielleicht später für das Mädchen empfinden wie ein Vater. Zum jetzigen Zeitpunkt wäre eine Adoption falsch.

# Wie Sie Ihre Konten planen

## Zuschauerfrage an die Redaktion „Escher - Der MDR-Ratgeber"

Frau Gedlich aus Neubrandenburg:

„Mein kürzlich verstorbener Mann hatte ein Testament, wonach seine Tochter aus erster Ehe und ich jeweils zur Hälfte erben. Jetzt habe ich Streit mit dieser Tochter. Es geht um unser Girokonto, auf dem sich am Todestag meines Mannes 12.000 Euro befanden. Sie meint, das Konto müsse auch je zur Hälfte geteilt werden. Es ist doch aber auch mein Geld auf dem Konto. Eigentlich gehört mir schon die eine Hälfte vom Geld. Nur die andere Hälfte, die meinem Mann gehört hat, ist zu teilen. Damit würde ich im Ergebnis drei Viertel vom Geld erhalten. Die Tochter beruft sich auf ein Schreiben der Bank, in dem steht, dass das Girokonto meinem Mann gehört habe. Ich hätte nur eine Vollmacht für dieses Konto meines Mannes gehabt. Kann ich drei Viertel vom Geld behalten oder muss ich ihr die Hälfte geben?"

Offensichtlich haben Sie dieses Konto immer wie ein gemeinsames Konto gehandhabt. Genau genommen war es jedoch ein Konto Ihres Mannes. Im Erbfall ist davon auszugehen, dass das Konto damit in den Nachlass fällt und je zur Hälfte zu teilen ist. Anders kann die Situation sein, wenn Sie mit Ihrem Mann schriftlich vereinbart haben, dass das Geld auf dem Konto Ihnen beiden jeweils hälftig gehören soll. Können Sie derartige Absprachen nicht beweisen, ist das Konto hälftig zu teilen.

Bei der Planung der Vermögensnachfolge fällt häufig auf, dass gerade Eheleute in Kontenangelegenheiten manchmal etwas nachlässig sind. Wenn es um Geldangelegenheiten geht, sprechen sie oft von „unserem Konto". Beim genaueren Hinsehen wird deutlich, wem das Konto tatsächlich gehört. In vielen Fällen ist nur einer der Ehepartner Kontoinhaber, der andere hat lediglich eine Kontovollmacht. Benutzt wird das Konto aber wie ein gemeinsames. Im Sterbefall zählt, auf wessen Namen das Konto läuft. Meist gibt es keine anders lautenden schriftlichen Vereinbarungen zwischen den Eheleuten.

Hat beispielsweise der Ehemann ein außereheliches Kind, welches nach dessen Tod mit Sicherheit Pflichtteilsansprüche geltend machen wird, kann es sinnvoll sein, dass die Eheleute getrennte Konten haben. Würde beispielsweise die Ehefrau ihr Spargeld immer auf dem Konto ihres Mannes einzahlen, würde nach dessen Tod dieses Geld im Zweifelsfall so gewertet, als ob sie es dem Mann geschenkt habe und es damit ihm allein gehöre. Meist lässt sich nicht beweisen, dass die Ehepartner keine solche Schenkung wollten, sondern das Geld beiden gehören sollte.

Gibt es dagegen nur gemeinsame Kinder, kann es sinnvoll sein, auch gemeinsame Konten zu haben. Das hängt aber nicht nur von der Vermögensnachfolgeplanung ab, sondern vom Vertrauen der Eheleute zueinander.

# Vorsorgevollmacht, Patientenverfügung und Betreuungsverfügung

Es ist sinnvoll, sich außerdem Gedanken darüber zu machen, ob Sie möglicherweise eine Vorsorgevollmacht mit Patientenverfügung und Betreuungsverfügung benötigen. Testamente und alle anderen Nachfolgeregelungen treten dann in Kraft, wenn eine Person verstorben ist. Ist aber eine Person durch Alter, Unfall oder Krankheit plötzlich nicht mehr in der Lage, ihre eigenen Angelegenheiten zu regeln, stellt sich die Frage, wer für diese kranke Person handeln darf. Haben Sie hier keine Regelung getroffen, wird sich das Vormundschaftsgericht einschalten und in einem Betreuungsverfahren gegebenenfalls zu dem Schluss kommen, dass Sie einen Betreuer brauchen. Dafür können Familienangehörige, aber auch sonstige geeignete Personen, die vom Gericht ausgewählt werden, in Frage kommen. Ihre Angehörigen haben jedoch keinen Rechtsanspruch darauf, vom Gericht als Betreuer bestellt zu werden.

Wollen Sie ein solches Verfahren vermeiden, empfiehlt sich eine Vorsorgevollmacht, mit der Sie eine Person Ihres Vertrauens bevollmächtigen. Das können beispielsweise Ihr Ehepartner oder eines Ihrer Kinder sein. Eine solche Vollmacht ist aber immer Vertrauenssache, da sie missbraucht werden kann. Selbstverständlich können Sie eine solche Vollmacht auch widerrufen.

## Zuschauerfrage an die Redaktion „Escher - Der MDR-Ratgeber"

Frau Meise aus Gera:

„Meine Mutter soll jetzt in ein Pflegeheim kommen, weil sie aufgrund einer hochgradigen Demenz nicht mehr in ihrer Wohnung leben kann und rund um die Uhr Versorgung und Betreuung braucht. Der Arzt hat festgestellt, dass sie aufgrund der Erkrankung nicht mehr geschäftsfähig ist und nicht mehr selbst handeln kann. Bei den Formalitäten zur Auflösung der Wohnung und beim Abschluss des Heimvertrags stoße ich jetzt auf Schwierigkeiten, weil ich keine Vollmacht meiner Mutter habe. Die Mutter hat aber früher immer gesagt, dass ich alles für sie regeln solle. Reicht das nicht aus?"

Grundsätzlich kann eine Vollmacht auch mündlich erteilt werden, aber im Rechtsverkehr muss eine solche mündliche Vollmacht nachgewiesen werden. Das führt in der Praxis meist zu Schwierigkeiten. Es ist schade, dass Ihre Mutter Ihnen keine schriftliche General- und Vorsorgevollmacht erteilt hat. Dann könnten Sie jetzt problemlos alles für sie regeln. Da sie nicht mehr geschäftsfähig ist, kann sie Ihnen jetzt keine schriftliche Vollmacht mehr erteilen. Sollten Behörden oder sonstige Dritte ihre mündlich erteilte Vollmacht nicht anerkennen, bleibt Ihnen nichts anderes übrig, als beim Vormundschaftsgericht ein Betreuungsverfahren für Ihre Mutter anzuregen und dort anzubieten, dass Sie als offizieller Betreuer eingesetzt werden können. Dann können Sie sich beispielsweise der Heimverwaltung gegenüber mit einem Betreuerausweis legitimieren.

In einer Vorsorgevollmacht können Sie eine Person des Vertrauens bevollmächtigen, in Vollmacht zu handeln. Die Vollmacht können Sie privatschriftlich (also ohne Anwalt oder Notar) oder notariell abfassen. Geht es um Grundstücke oder Konten, ist jedoch die Beurkundung vor einem Notar Vorschrift.

Die Vollmacht umfasst beispielsweise die Regelung von Postangelegenheiten, Renten- und Behördensachen, Gespräche mit dem behandelnden Arzt, die Einwilligung in Operationen, das Auflösen der Wohnung und die Organisation eines Umzugs in eine Pflegeeinrichtung, falls das erforderlich ist.

Dabei sollte der Bevollmächtigte auch ermächtigt werden, über „freiheits-entziehende Maßnahmen" zu entscheiden. Keine Angst, hier geht es nicht um die Zwangsjacke! Liegt eine kranke Person in einem Krankenhausbett, kann es vorkommen, dass sie sich unkontrolliert dreht und aus dem Bett fällt. Dabei kann sich der Kranke schwere Verletzungen wie Prellungen oder Knochenbrüche zuziehen. Um das zu vermeiden, kann das Kranken-hauspersonal ein Bettgitter ähnlich wie bei einem Kinderbett hochziehen. Der Patient kann nicht aus dem Bett fallen. Er kann aber das Bett nicht al-lein verlassen, sondern muss zunächst nach der Schwester klingeln, die das Bettgitter herunterschiebt. Das ist eine „freiheitsentziehende Maßnah-me", die der Bevollmächtigte sicherlich nur im wohlverstandenen Interesse des Kranken veranlassen wird.

Zusätzlich zur Vorsorgevollmacht können Sie eine Patienten- und Betreu-ungsverfügung erstellen. Diese können Sie gleich in das Vollmachtsdoku-ment aufnehmen.

Die Patientenverfügung – auch Patiententestament genannt – regelt kon-krete Bedingungen, unter denen Sie als Patient einen Abbruch von lebens-verlängernden Maßnahmen wünschen. Es ist Geschmackssache, ob Sie solche Dinge regeln wollen. Für viele Menschen ist es jedoch eine unschö-ne Vorstellung, ohne Aussicht auf Wiedererlangung des Bewusstseins an Maschinen und Schläuchen zu hängen.

Eine Betreuungsverfügung regelt, welche Person vom Vormundschaftsge-richt zum Betreuer bestellt werden soll, falls eine Betreuung erforderlich ist. Sollte die Betreuung nötig werden, obwohl bereits eine Person bevoll-mächtigt wurde, wird dann dieser Bevollmächtigte zugleich Betreuer.

# Wenn Sie eine Firma besitzen

Gehört beispielsweise eine GmbH zu Ihrem Vermögen, sollten Sie sich den Gesellschaftsvertrag genau dahin gehend ansehen, ob alle Todesfallrege-lungen des Vertrags Ihren Wünschen entsprechen. Regeln Testament und Gesellschaftsvertrag den Todesfall unterschiedlich, hat der Gesellschafts-vertrag Vorrang vor dem Testament. Sie können nicht mit dem Testament eine Person zum Erben der Firma machen, wenn der Gesellschaftsvertrag dieser Person den Eintritt in die Gesellschaft verwehrt. Wenn Sie beispielsweise Ihre Frau zur Alleinerbin machen und der Gesellschaftsvertrag die Nachfolge nur für eines Ihrer Kinder erlaubt, ist der Konflikt vorprogrammiert.

Stellen Sie fest, dass die Nachfolgeregelung im Gesellschaftsvertrag nicht Ihren Wünschen entspricht, sollten Sie sie ändern, gegebenenfalls in Abstimmung mit eventuellen Mitgesellschaftern. Es ist in jedem Fall ratsam zusätzlich einen Steuerberater zu konsultieren.

## Nachfolger für Firmenvermögen suchen

### Zuschauerfrage an die Redaktion „Escher – Der MDR-Ratgeber"

Herr Dietrich aus Erlangen:

„Ich bin 66 Jahre alt, verwitwet und habe einen Sohn. An meinem Wohnort betreibe ich eine Bäckerei. Leider hat mein Sohn nicht meinen Beruf gewählt. Er ist Kfz-Mechaniker geworden. Umso mehr habe ich mich über meinen Enkel Paul gefreut, der vor drei Jahren seine Bäckerlehre abgeschlossen hat. Im Testament habe ich geregelt, dass Paul einmal die Bäckerei erbt. Paul freut sich sehr darauf, später einmal die Bäckerei zu übernehmen. Er hat mich gefragt, ob er nicht jetzt schon in der Bäckerei bei mir anfangen kann, weil er das Geschäft gern sofort übernehmen will. Ich weiß nicht, ob das nicht zu zeitig ist. Sicher wird er dann viele neumodische Dinge einführen. Wie sehen Sie das?"

Sie sind in der glücklichen Lage, einen Nachfolger für Ihre Bäckerei zu haben, der mit Freude das Geschäft übernehmen will. Es ist sehr gut, dass Sie daran gedacht haben, die Firmennachfolge im Testament zu regeln.

Bitte denken Sie jedoch an die Firmennachfolge für den Notfall. Eine Geschäftsübernahme kann für Ihren Enkel schwierig werden, wenn er nicht eingearbeitet ist. Haben Sie die Zeit, ihn bereits zu Ihren Lebzeiten einzuarbeiten, können Sie ihn mit den Lieferanten und wichtigen Kunden persönlich bekannt machen. Er könnte Sie jederzeit um Rat fragen, wenn er unsicher ist.

Außerdem haben Sie ein Alter erreicht, in dem Sie daran denken können, sich langsam mehr Ruhe zu gönnen. Es wäre sicher sinnvoll, wenn Ihr Enkel zunächst in Ihrer Bäckerei arbeitet. Vielleicht können Sie im Übergabevertrag eine Regelung finden, bei der Sie Ihrem Enkel das Geschäft schrittweise übergeben, damit der junge Mann in die Verantwortung hineinwachsen kann. Sie werden sich jedoch an den Gedanken gewöhnen müssen, dass Ihr Enkel neue Ideen einbringen will. Neuerungen können das Geschäft durchaus beleben. Denken Sie an die Zeit zurück, in der Sie die Bäckerei übernommen haben. Damals waren Ihre neuen Ideen sicher auch ein Gewinn für die Bäckerei.

Leider hat nicht jeder Unternehmer das Glück, einen geeigneten Nachfolger in der Familie zu haben. Selbst dann, wenn enge Familienmitglieder in der Firma des Seniorchefs arbeiten, eignet sich nicht jeder von ihnen zum Unternehmensnachfolger. Außer der fachlichen Qualifikation sollte der Nachfolger kaufmännisches Geschick und einen starken Willen haben. Es gehört viel Fingerspitzengefühl dazu, die geeignete Persönlichkeit herauszusuchen.

Ist in der Familie kein Nachfolger zu finden, sollte sich der Unternehmer unter den Mitarbeitern in der Firma oder sonstigen Interessenten umsehen. Wichtig ist, dass der richtige Zeitpunkt für die Firmenübergabe nicht verpasst wird. Eine Firmennachfolge ist immer ein schwieriges Unterfangen. Nicht immer gelingt es, die Firma problemlos weiterzuführen.

Im Testament können Sie als Unternehmer eine Firmennachfolge festlegen. Günstiger und problemloser ist eine Übergabe zu Lebzeiten an den Nachfolger, wenn Sie das Alter erreicht haben, um sich zur Ruhe zu setzen. So können Sie Ihren Nachfolger einarbeiten und er lernt alle Betriebsabläufe kennen. Muss er dagegen plötzlich und ohne Einarbeitung den Betrieb aufgrund Ihres Todes übernehmen, steht er vor Schwierigkeiten. Er kennt möglicherweise die einzelnen Mitarbeiter und Kunden nicht. Er weiß nicht, wann welche Dinge zu bestellen oder zu liefern sind. Eine gut geplante Vermögensnachfolge zum richtigen Zeitpunkt hilft, Konflikte zu vermeiden.

# Die Bestattung zu Lebzeiten regeln

Es ist Geschmackssache, ob Sie Ihre Bestattung bereits zu Ihren Lebzeiten regeln wollen. Wichtig ist auf alle Fälle, dass Sie mit Ihren Angehörigen besprechen, wie Sie sich eine Bestattung oder eine Grabstelle vorstellen, damit die Angehörigen im Ernstfall Ihre Wünsche kennen.

In einigen konkreten Familiensituationen kann es sogar von Vorteil sein, wenn Sie sich zu Lebzeiten mit einem Bestatter in Verbindung setzen und dort Regelungen für Ihre eigene Bestattung in Auftrag geben. Das könnte möglicherweise dann sinnvoll sein, wenn keine Kinder oder sonstigen näheren Angehörigen vorhanden sind und Sie an dieser Stelle nichts dem Zufall überlassen wollen.

Gibt es in einer Familie ein behindertes Kind und keine gesunden Geschwisterkinder, kann auch das ein Anlass sein, bereits zu Lebzeiten die eigene Bestattung zu organisieren. Das behinderte Kind ist mit dieser Aufgabe überfordert. Wollen die Eltern einem eingesetzten Testamentsvollstrecker diese Aufgabe abnehmen, können sie in dieser Situation bereits vorher alles mit dem Bestatter regeln.

Wenn Sie sich dazu entschlossen haben, Ihre eigene Bestattung bereits zu Ihren Lebzeiten mit einem Bestatter zu regeln, und die entsprechenden Aufträge auslösen wollen, können Sie sich überlegen, ob Sie die Bestattung zu Ihren Lebzeiten bezahlen wollen oder ob das später durch die Erben geschehen soll.

 **TREUHANDKONTO**

Für den Fall, dass Sie sich dazu entschließen, bereits jetzt zu bezahlen, achten Sie bitte darauf, dass Sie den Betrag nicht auf das normale Geschäftskonto des Bestatters überweisen, sondern auf ein sogenanntes Treuhandkonto. Sollte das Bestattungsunternehmen in Insolvenz gehen, ist dieses eingezahlte Geld sicher. Diese Treuhandgelder werden in der Regel für alle Bestatter zentral verwaltet und sind damit sicher angelegt.

# Typische Testamente

So verschieden Familienverhältnisse und Vermögenszusammensetzungen sind, so unterschiedlich sind die zu erstellenden Testamente. Es gibt nicht das „Einheitstestament", das für jeden passt. Vielmehr müssen Sie ganz individuell überlegen, wie Ihr Testament im konkreten Einzelfall aussehen soll. So wie es nicht zwei identische Familien gibt, wird es auch nicht zwei identische Testamente geben können.

Es darf nochmals darauf hingewiesen werden, dass Mustertestamente Ihnen lediglich eine Anregung geben sollen, wie Ihr eigenes Testament aussehen kann. Sie dürfen sie keinesfalls ungeprüft übernehmen.

Hier werden einige typische Regelungsziele von Erblassern anhand von Fallbeispielen vorgestellt mit jeweils entsprechenden Mustern. Bei all diesen Mustern, die nachfolgend aufgeführt sind, sei nochmals daran erinnert, dass handschriftliche Testamente, also Testamente ohne Hinzuziehung eines Notars, von Anfang bis Ende immer mit Hand geschrieben und unterschrieben werden müssen. Es reicht nicht aus, einen Computerausdruck zu unterzeichnen.

## Das Berliner Testament

**VERHEIRATET, ZWEI GEMEINSAME KINDER, GRUNDBESITZ**

Herr und Frau Gruber aus Dresden möchten ein gemeinsames Ehegattentestament verfassen. Sie sind verheiratet und haben zwei gemeinsame Kinder, Paul und Kerstin, mit denen gutes Einvernehmen besteht. Die Eheleute Gruber leben im gesetzlichen Güterstand (Zugewinngemeinschaft). Familie Gruber besitzt ein kleines Reihenhäuschen in Miteigentum, auf dem gemeinsamen Konto liegt ein Betrag von 30.000 Euro. Ziel der Eheleute Gruber ist es, sich zunächst beim Tod des Erstversterbenden gegenseitig bestmöglich abzusichern. Am Ende sollen die beiden Kinder einmal alles haben. Beide Eheleute haben grenzenloses Vertrauen zueinander. Obwohl sie sich eigentlich sicher sind, dass keines der beiden Kinder

> nach dem Tod des Zuerstversterbenden den Pflichtteil geltend machen wird,
> möchten sie, dass ein „ungehorsames" Kind, welches dennoch den Pflichtteil
> geltend macht, mit einer Strafe rechnen muss.

Ohne Testament träte beim Tod des ersten von den Eheleuten Gruber die gesetzliche Erbfolge ein. Danach würden die Kinder vom Vermögen des verstorbenen ersten Ehegatten jeweils ein Viertel erben und der überlebende Ehegatte die Hälfte.

Da Familie Gruber ein Grundstück besitzt, wäre es nicht nur mit Geldzahlungen getan. Die Kinder hätten als Erben bereits einen Anspruch darauf, ins Grundbuch eingetragen zu werden. In Bezug auf das gesamte Grundstück hätte jedes Kind einen Erbanteil in Höhe von einem Achtel, da dem erstversterbenden Ehegatten nur die Hälfte vom Haus gehört.

Familie Gruber möchte weitgehend ausschließen, dass der überlebende Ehegatte Ansprüchen der Kinder ausgesetzt ist. Insbesondere sollen die Kinder noch keinen Zugriff auf das Grundstück haben.

Da beide Ehegatten Vertrauen zueinander haben, ist es sinnvoll, dass jeder Ehegatte später nach dem Tod des anderen das Testament abändern kann. Das Testament könnte wie folgt gestaltet werden:

### Testamentsentwurf

Wir, die Eheleute Gisela Gruber, geb. Schöne, geb. am 25.07.1954, wohnhaft ..., und Bernd Gruber, geb. am 02.04.1951, wohnhaft ebenda, legen hiermit unseren gemeinsamen letzten Willen wie folgt fest:

Wir setzen uns gegenseitig zu Alleinerben ein.

Zu Schlusserben nach dem Tode des Zuletztversterbenden von uns bzw. zu Erben für den Fall unseres gleichzeitigen Ablebens bestimmen wir unsere beiden Kinder, Paul Gruber, geb. am ..., wohnhaft ..., und Kerstin Gruber, geb. am ..., wohnhaft ..., zu je 1/2 Erbanteil.

Sollte eines unserer Kinder entgegen dem Wunsch des überlebenden Ehegatten bereits nach dem Tode des Zuerstversterbenden von uns den Pflichtteil geltend machen, soll dieses Kind nach dem Tode des Zuletztversterbenden von uns auch nur den Pflichtteil erhalten und mit seinem gesamten Stamm von der weiteren Erbfolge ausgeschlossen sein.

Der überlebende Ehegatte ist berechtigt, von diesem Testament abweichende letztwillige Verfügungen zu treffen und neu zu testieren.

Ort, den ...

Unterschrift          Unterschrift

# Testament für kinderloses Ehepaar

**KINDERLOS, PATENKIND SOLL BEGÜNSTIGT WERDEN**

Das Ehepaar Krause ist schon seit sehr vielen Jahren im gesetzlichen Güterstand (Zugewinngemeinschaft) verheiratet und hat keine Kinder. Die Eltern beider Ehepartner leben nicht mehr. Beide haben zwar Geschwister, zu diesen hat das Ehepaar Krause jedoch kein enges oder herzliches Verhältnis. Sie möchten sich zunächst beim Sterbefall des Erstversterbenden gegenseitig absichern und gewährleisten, dass das Patenkind Felix später einmal alles erben soll. Keinesfalls sollen die Geschwister etwas erhalten. Der überlebende Ehegatte soll aber das Recht haben, nach dem Tod des Zuerstversterbenden das Testament zu ändern.

Ohne Testament würde der Ehepartner nach der gesetzlichen Erbfolge jeweils nur drei Viertel des Vermögens des Verstorbenen erben. Das restliche Viertel ginge jeweils an die Geschwister des Verstorbenen. Da das Patenkind kein Verwandter ist, ginge es leer aus.

Die Geschwister von Herrn und Frau Krause können problemlos enterbt werden. Sie sind auch nicht pflichtteilsberechtigt, sodass sie keine Ansprüche stellen dürfen und tatsächlich dem Willen der Erblasser zufolge völlig leer ausgehen.

---

**Testamentsentwurf**

Wir, die Eheleute Heidi Krause, geb. Lehmann, geb. am 14.08.1945, wohnhaft in ..., und Heinz Krause, geb. am 11.04.1939, wohnhaft ebenda, legen hiermit unseren gemeinsamen letzten Willen wie folgt fest:

Wir setzen uns gegenseitig zu Alleinerben ein.

Zum Schlusserben nach dem Tode des Zuletztversterbenden von uns beiden bzw. zu Erben für den Fall unseres gleichzeitigen Ablebens bestimmen wir unser Patenkind Felix Marquardt, geb. am ..., wohnhaft ...

Der überlebende Ehegatte ist berechtigt, von diesem Testament abweichende letztwillige Verfügungen zu treffen und neu zu testieren.

Ort, den ...

Unterschrift                    Unterschrift

---

# Vor- und Nacherbschaft

 **VERHEIRATET, EINE GEMEINSAME TOCHTER, EIN KIND AUS ERSTER EHE**

Herr und Frau Schubert sind im gesetzlichen Güterstand (Zugewinngemeinschaft) miteinander verheiratet. Sie haben gemeinsam eine Tochter Julia. Darüber hinaus gibt es noch aus der ersten geschiedenen Ehe des Herrn Schubert die Tochter Petra, die lange nachdem sie bereits volljährig war, jeglichen Kontakt zu ihrem Vater abgelehnt hat. Frau Schubert hat schon vor Jahren von ihrer Großmutter ein Haus geerbt, in dem Familie Schubert wohnt. Familie Schubert ist klar, dass der Tochter Petra Pflichtteilsansprüche zustehen, wenn Herr Schubert stirbt. Daran soll in keiner Weise gerüttelt werden. Frau Schubert möchte aber nicht, dass die Tochter Petra Pflichtteilsansprüche auf das Haus, das Frau Schubert von ihren Eltern geerbt hat, erheben kann, falls Frau Schubert vor ihrem Mann stirbt. Der überlebende Ehegatte soll die Möglichkeit haben, gegebenenfalls ein neues Testament zu verfassen.

Ohne dieses Pflichtteilsproblem hätte Familie Schubert sicher ein Berliner Testament verfasst. Beide vertrauen sich gegenseitig.

Verstirbt Herr Schubert zuerst, erben nach der gesetzlichen Erbfolge seine Ehefrau zur Hälfte und seine Tochter Julia und die Tochter Petra aus der ersten geschiedenen Ehe jeweils zu einem Viertel. Wird Petra enterbt, ist sie pflichtteilsberechtigt auf eine Quote in Höhe von einem Achtel. Diesen Pflichtteil wird Petra sicherlich geltend machen. Das ist ihr gutes Recht.

Verstirbt Frau Schubert zuerst, erben nach der gesetzlichen Erbfolge der Ehemann und die gemeinsame Tochter Julia je zur Hälfte. Macht Frau Schubert ihren Mann beispielsweise mit einem Berliner Testament zum Alleinerben, wäre er bei seinem Ableben reich durch diese Erbschaft nach seiner Frau.

Mit einer Vor- und Nacherbschaft wird ein Weg gewählt, wie Herr Schubert zwar in den Genuss der Erbschaft kommt, aber im Falle seines Todes diese Erbschaft an die Nacherbin Julia weitergeleitet wird.

Als befreiter Vorerbe kann sich Herr Schubert fast so fühlen wie als Vollerbe. Er darf lediglich nichts aus der Vorerbschaft verschenken, es sei denn, die Nacherbin Julia hat ausdrücklich zugestimmt. Außerdem kann die Nacherbin Julia verlangen, dass Herr Schubert ihr nach dem Tod der Mutter ein Vermögensverzeichnis erstellt. In diesem Verzeichnis muss alles ersichtlich sein, was Herr Schubert nach dem Tod seiner Frau als Vorerbschaft erhalten hat. Mit diesen relativ geringen Beschränkungen kann sich Herr Schubert als Vorerbe seiner Frau arrangieren.

Verstirbt Herr Schubert als Zweiter nach seiner Ehefrau, wären gesetzliche Erben seine Töchter Julia und Petra je zur Hälfte. Da Petra enterbt ist, ist sie wiederum pflichtteilsberechtigt. Ihre Pflichtteilsquote beträgt dann ein Viertel. Ist Herr Schubert nur Vorerbe nach seiner Frau geworden, geht die Vorerbschaft in der Sekunde seines Todes auf die Nacherbin Julia über. Der Pflichtteil wird dann lediglich auf sein Vermögen gezahlt, welches er schon immer besessen hat. Die Vorerbschaft von seiner Frau, also das Haus, wird in die Pflichtteilsberechnung nicht mit einbezogen. Ein solches Testament könnte folgenden Wortlaut haben:

### Testamentsentwurf

Wir, die Eheleute Anneliese Schubert, geb. Haubold, geb. am 22.03.1959, wohnhaft ..., und Harald Schubert, geb. am 13.08.1957, wohnhaft ebenda, legen hiermit unseren gemeinsamen letzten Willen wie folgt fest:

Wir setzen uns gegenseitig zum Alleinerben ein, wobei es sich bei der Erbeinsetzung für Harald Schubert um eine Einsetzung zum ausdrücklich befreiten Vorerben handelt, wogegen die Erbeinsetzung für Anneliese Schubert eine Vollerbeneinsetzung ist.

Der Vorerbe wird von allen Beschränkungen befreit, von denen nach dem Gesetz die Befreiung erteilt werden kann. Die Nacherbschaft umfasst nur den Überrest des Nachlasses. Der Nacherbfall soll mit dem Tod des Vorerben eintreten. Zum Nacherben bestimmen wir unsere Tochter Julia Schubert, geb. am 22.11.1979, wohnhaft ...

Zum Schlusserben nach dem Tod des Zuletztversterbenden von uns beiden bzw. zum Erben für den Fall unseres gleichzeitigen Ablebens bestimmen wir unsere Tochter Julia.

Der überlebende Ehegatte ist berechtigt, von diesem Testament abweichende letztwillige Verfügungen zu treffen und neu zu testieren.

Ort, den ...

Unterschrift                     Unterschrift

# Gegenseitige Vorerbeneinsetzung

 **ERST IM ALTER GEHEIRATET, KEINE KINDER, MITTLERES VERMÖGEN**

Die Eheleute Rentsch haben erst im Alter von ca. 60 Jahren im gesetzlichen Güterstand (Zugewinngemeinschaft) geheiratet. Beide haben keine Kinder. Jeder von ihnen bringt ein mittleres Vermögen in die Ehe ein. Obwohl sich beide gegenseitig vertrauen, behält jeder seine Konten und seine Spargelder auf seinen eigenen Namen. Beide möchten, dass zwar der andere Ehegatte beim Tod des

Erstversterbenden finanziell sichergestellt ist. Sie möchten aber auch, dass am Ende die jeweiligen Verwandten das erhalten, was dem Verstorbenen gehört hatte.

Beide Eheleute wollen sich gegenseitig optimal absichern. Es ist in diesem Einzelfall sinnvoll, dass die jeweiligen gesetzlichen Erben, also die nächsten Verwandten des Verstorbenen, am Ende als Nacherben das nicht verbrauchte Vermögen des vorverstorbenen Ehegatten erhalten. Dabei soll der überlebende Ehegatte im Bedarfsfall das Vermögen des zuerst verstorbenen Ehegatten verbrauchen können. Das wird im Testament dadurch gewährleistet, dass der überlebende Ehegatte befreiter Vorerbe ist. Er kann das Geld aus der Vorerbschaft für seinen Lebensunterhalt verbrauchen, wenn sein eigenes Geld dazu nicht mehr ausreicht. Gelder aus der Vorerbschaft darf der überlebende Ehegatte allerdings nicht an seine leiblichen Verwandten oder sonstige Dritte verschenken.

Der überlebende Ehegatte sollte im Hinblick auf sein eigenes Vermögen frei sein, eventuell zu überdenken, ob tatsächlich alle seine gesetzlichen Erben diese Erbschaft erhalten sollen. Es könnte durchaus sein, dass das Verhalten eines einzelnen gesetzlichen Erben dazu Anlass gibt, ihn zu enterben oder ihn besonders zu bedenken. Da es ohnehin nur um das Vermögen des Überlebenden geht, kann das auch nicht den Interessen des vorverstorbenen Ehegatten zuwider laufen.

### Testamentsentwurf

Wir, die Eheleute Hedwig Rentsch, geb. ...., wohnhaft ..., und Peter Rentsch, geb. ..., wohnhaft ebenda, legen hiermit unseren gemeinsamen letzten Willen wie folgt fest:

Wir setzen uns gegenseitig als von allen gesetzlichen Beschränkungen befreite Vorerben ein. Der Nacherbfall soll mit dem Tod des Vorerben eintreten. Die Nacherbschaft umfasst nur den Überrest. Zu Nacherben bestimmen wir jeweils die Personen, die gesetzliche Erben des Vorverstorbenen geworden wären.

Nach dem Tode des Zuletztversterbenden von uns sollen dessen gesetzliche Erben die Erbschaft erhalten.

Der überlebende Ehegatte ist berechtigt, von diesem Testament abweichende letztwillige Verfügungen zu treffen und neu zu testieren.

Ort, den ...

Unterschrift              Unterschrift

## Das Geschiedenentestament

 **GESCHIEDEN, VOLLJÄHRIGER, NOCH KINDERLOSER SOHN AUS DER**

Frau Lindemann ist seit Jahren glücklich geschieden. Aus der geschiedenen Ehe stammt der Sohn Julius, der gerade volljährig geworden ist. Julius selbst hat noch keine Kinder. Frau Lindemann möchte gern, dass Julius einmal alles erbt, wenn ihr etwas passiert. Sie macht sich aber Gedanken darüber, was mit ihrem Vermögen geschieht, wenn ihr Sohn zum Beispiel bei einem gemeinsamen Verkehrsunfall kurz nach ihr verstirbt. Es wäre denkbar, dass sie sofort tot ist, Julius jedoch erst zwei Tage später im Krankenhaus verstirbt. Keinesfalls soll ihr geschiedener Mann auf diese Art und Weise an die Erbschaft gelangen. Hätte Julius schon Kinder, wäre alles kein Problem. Dann könnte eine solche Erbschaft an die Enkel weitergegeben werden. Bis Julius eine Familie gründet, können noch viele Jahre vergehen. Da es derzeit noch keine Enkel gibt, möchte Frau Lindemann, dass ihre Nichte Romy alles erhält, falls ihr etwas passiert und Sohn Julius kurz darauf verstirbt.

Verstirbt Frau Lindemann, wäre gesetzlicher Alleinerbe ihr Sohn Julius. Verstirbt Julius aber kurz danach, so wäre sein gesetzlicher Erbe sein Vater, also der geschiedene Mann von Frau Lindemann. Damit könnte dieser indirekt an das Erbe nach Frau Lindemann gelangen. Hätte Julius selbst Kinder, erhielten diese Enkel als gesetzliche Erben von Julius die Erbschaft. Sobald Julius selbst Kinder hat, erbt sein Vater nicht nach ihm. Kinder von Julius sind Erben erster Ordnung, der Vater wäre Erbe zweiter Ordnung. Deshalb schließen Kinder den Vater in der Erbfolge aus.

Will Frau Lindemann vermeiden, dass ihr geschiedener Ehemann indirekt nach ihr erbt, indem er den kinderlosen Sohn beerbt, sollte sie Julius zum Vorerben machen. Er wird damit Erbe auf Zeit. Mit seinem Tod muss er die Vorerbschaft an die im Testament festgelegte Nacherbin Romy abgeben, wenn er im Falle seines Todes selbst noch keine Kinder hat. Da Frau Lindemann ihren Sohn so wenig wie möglich einschränken will, sollte sie ihn im Testament zum befreiten Vorerben einsetzen.

Frau Lindemann darf aber nicht vergessen, dass es bei ihrem Sohn Julius entgegen ihrer Erwartung mit einer Familiengründung schneller gehen kann. Aus diesem Grund ist es sinnvoll, schon jetzt im Testament an die künftigen Enkel zu denken. Sind Enkel vorhanden, ist es sicherlich kein Problem, diese Enkelkinder zu Nacherben zu bestimmen. Es ist empfehlenswert, dieses Testament sozusagen auf „Zuwachs" anzufertigen und bereits gedanklich vorwegzunehmen, dass Julius Kinder haben könnte. Hat Julius zum Zeitpunkt des Ablebens von Frau Lindemann keine Kinder, so tritt die im Testament geregelte Ersatznacherbfolge zugunsten der Nichte Romy ein. Damit lässt sich mit einem sogenannten „Geschiedenentestament" verhindern, dass Vermögen an den oder die „Ex" geht. Das Testament von Frau Lindemann könnte wie folgt aussehen:

---

### Testamentsentwurf

Hiermit lege ich, Marianne Lindemann, geb. am ...., wohnhaft in ..., meinen letzten Willen wie folgt fest:

Zu meinem alleinigen Erben bestimme ich meinen Sohn Julius. Bei dieser Erbeinsetzung handelt es sich um eine Einsetzung zum befreiten Vorerben. Der Vorerbe ist von allen gesetzlichen Beschränkungen befreit, von denen nach dem Gesetz Befreiung erteilt werden kann. Die Nacherbschaft umfasst nur den Überrest. Der Nacherbfall soll mit dem Tod des Vorerben eintreten.

Zu Nacherben bestimme ich die Abkömmlinge meines Sohnes, untereinander nach den gesetzlichen Erbregeln erster Ordnung. Sollte mein Sohn jedoch ohne Hinterlassung von Abkömmlingen gestorben sein, ist Ersatznacherbin meine Nichte, Romy Petersdorf, geb. am ..., wohnhaft in ...

Ort, den ...                                    Unterschrift

---

# Vermächtnis eines Wohnungsrechts

 **ZWEITE EHE, ERSTER EHEPARTNER GESTORBEN, KIND AUS ERSTER EHE**

Die Eheleute Max und Hertha Krüger sind im gesetzlichen Güterstand (Zugewinngemeinschaft) miteinander verheiratet. Für Frau Krüger ist das die zweite
Ehe. Frau Krüger ist in erster Ehe verwitwet und hat aus dieser Ehe die Tochter
Cornelia. Herr Krüger hat keine Kinder. Seine Eltern und Geschwister leben nicht
mehr. Es existieren aber Neffen und Nichten. Gemeinsame Kinder der Eheleute
Krüger gibt es nicht, denn sie haben erst im Alter von 70 Jahren die Ehe geschlossen. Beide freuen sich darüber, dass sie im hohen Alter das Glück hatten,
einen netten Ehepartner zu finden und gemeinsam den Lebensabend zu verbringen. Frau Krüger besitzt ein Haus, in dem die Eheleute wohnen. Sie möchte, dass
dieses Haus unbedingt ihre Tochter Cornelia erhält, keinesfalls sollen die Verwandten ihres Mannes in irgendeiner Weise Zugriff darauf haben. Ihr Mann soll
aber ungestört bis zu seinem Lebensende dort wohnen können. Einen Umzug in
eine andere Wohnung will Frau Krüger ihrem Mann nicht zumuten, falls sie vor
ihm verstirbt.

Verstirbt Herr Krüger vor seiner Ehefrau, erbt sie nach der gesetzlichen
Erbfolge drei Viertel neben seinen Neffen und Nichten. Da die Neffen und
Nichten nicht pflichtteilsberechtigt sind, kann Herr Krüger sie problemlos
enterben. Problematisch wird der Fall, wenn Frau Krüger vor ihrem Mann
verstirbt. Dann wären gesetzliche Erben jeweils zur Hälfte der Ehemann
Max und die Tochter Cornelia. Stirbt Herr Krüger später, erben seine Ge-
schwister bzw. Neffen und Nichten als gesetzliche Erben die Hälfte des
Hauses, das er zuvor von seiner vorverstorbenen Ehefrau geerbt hat.

Hier bietet es sich an, dass Frau Krüger ihre Tochter Cornelia zur Erbin
macht, sodass diese im Todesfall der Mutter sofort das Haus erbt. Selbstverständlich sollte Frau Krüger ihren Ehemann dadurch absichern, dass er
ein lebenslanges Wohnrecht am Grundstück erhält. Für Herrn Krüger ist es
nicht wichtig, Eigentümer des Hauses zu werden. Für ihn ist es wichtig,
dass er bis zu seinem Lebensende dort ungestört weiter wohnen kann.

Dieses Wohnungsrecht sollte auch in einer harmonischen Familie so ausgestaltet werden, wie es unter Fremden üblich ist. Wer weiß schon genau, ob sich die Tochter Cornelia mit Herrn Krüger später wirklich immer gut versteht. Vielleicht verkauft die Tochter das Haus an einen Fremden, der das Wohnrecht übernehmen muss und in die nicht vom Wohnrecht umfassten Räume einzieht. In solchen Situationen kann es zu Streit kommen, wenn das Wohnrecht nicht exakt formuliert ist. Gehört beispielsweise die Gartennutzung dazu oder nicht? Derartige Streitigkeiten können die Lebensqualität des Wohnberechtigten stark beeinträchtigen.

Für eine solche Gestaltung bietet sich das folgende Testament an:

### Testamentsentwurf

Wir, die Eheleute Hertha Krüger, geb. Wenzel, geb. am 02.01.1935, wohnhaft ..., und Max Krüger, geb. am 13.12.1932, wohnhaft ebenda, legen hiermit unseren gemeinsamen letzten Willen wie folgt fest:

Für den Fall des Ablebens von Max Krüger wird Hertha Krüger zur Alleinerbin bestimmt. Ersatzerbin, falls Hertha Krüger diese Erbschaft nicht annehmen kann, ist deren Tochter

Cornelia Meyer, geb. am 20.05.1958, wohnhaft ....

Für den Fall des Ablebens von Hertha Krüger wird die Tochter Cornelia Meyer zur Alleinerbin bestimmt.

Max Krüger erhält als sofort anfallendes Vermächtnis an dem im Grundbuch des Amtsgericht von ...., Gemarkung ..., Blatt ..., Flurstück Nr. ... vorgetragenen Grundbesitzes, Postanschrift: ..., in unentgeltlicher Weise auf Lebenszeit das dingliche Wohnungsrecht. Dieses Wohnungsrecht besteht aus dem Recht zur Benutzung unter Ausschluss des Eigentümers für folgende Räumlichkeiten:

*(Bezeichnung der Räume, die dem Wohnrecht unterliegen sollen, z. B. ...)* Das Wohnungsrecht umfasst alle Wohnräume im Erdgeschoss sowie in der ersten Etage das zur Straße gelegene Schlafzimmer.

Mit dem Wohnungsrecht verbunden ist das Recht auf Mitbenutzung des Gartens sowie anteilige Mitbenutzung von Keller und Boden. Die üblichen Nebenkosten wie die Kosten für Strom, Heizung und Wasser hat der Wohnungsberechtigte jedoch selbst zu tragen. Das Wohnungsrecht ist als beschränkt persönliche Dienstbarkeit in das Grundbuch einzutragen. Die Kosten für die Eintragung hat der Berechtigte zu tragen.

Der überlebende Ehegatte ist berechtigt, von diesem Testament abweichende letztwillige Verfügungen zu treffen und neu zu testieren.

Ort, den ...

Unterschrift                 Unterschrift

# Die Testamentsvollstreckung

 **BEISPIEL**   **WITWER MIT SOHN UND ENKEL**

Herr Hans Freitag ist verwitwet. Er hat einen Sohn Herbert und einen Enkel Tom, an dem der Großvater viel Freude hat. Herr Freitag besitzt ein mittleres Vermögen. Er will nicht, dass alles seinem Sohn zukommt. Sein Enkel Tom soll bei seinem Ableben einen Geldbetrag von 10.000 Euro erhalten. Da Tom erst 15 Jahre alt ist, macht sich Herr Freitag Sorgen, ob Tom das Geld richtig ausgibt, wenn er noch nicht die nötige Reife dazu hat. Herr Freitag schätzt ein, dass sein Enkel mit 21 Jahren reif genug sein wird, um zu entscheiden, was mit dem Geld geschehen soll. Er geht davon aus, dass sein Sohn Herbert in Geldangelegenheiten sehr zuverlässig ist und dass er Entscheidungen zum Nutzen seines Sohnes treffen würde. Deshalb ist Herr Freitag der Meinung, dass Herbert als Testamentsvollstrecker bis zum 21. Lebensjahr auf das Geld des Enkels Tom aufpassen soll. Herr Freitag geht davon aus, dass dieses Amt als Testamentsvollstrecker ein „Ehrenamt" innerhalb der Familie ist, das der Sohn nicht zusätzlich bezahlt bekommen soll.

Die Testamentsvollstreckung soll lediglich bis zur Vollendung des 21. Lebensjahres andauern. Deshalb sollte die Testamentsvollstreckung so formuliert werden, dass sie nur dann erfolgt, wenn der Erbfall eintritt, bevor der Enkel das 21. Lebensjahr vollendet hat. Ist der Enkel bereits 22 Jahre alt, fällt die angeordnete Testamentsvollstreckung automatisch weg, da die genannte Bedingung weggefallen ist. Herr Freitag muss deshalb kein neues Testament schreiben.

In einem Testament mit Testamentsvollstreckung sollte der Erblasser die Frage der Vergütung regeln. Das Gesetz sieht ansonsten, wenn keine Festlegung zur Vergütung getroffen wurde, eine „angemessene Vergütung" vor. Zur Festlegung der Höhe gibt es unterschiedliche Gebührentabellen mit Prozentsätzen in der Regel zwischen einem und drei Prozent. Dieser Prozentsatz bezieht sich auf die Höhe des Vermächtnisses. Herr Freitag will nicht, dass sein Sohn eine Vergütung für dieses Amt erhält. Schließlich wird der Sohn Alleinerbe und erhält ohnehin das restliche Vermögen. In diesem Fall muss Herr Freitag eine Vergütung für seinen Sohn Herbert ausdrücklich im Testament ausschließen.

Herr Freitag sollte daran denken, dass sein Sohn Herbert als Testamentsvollstrecker ausfallen kann. Der Sohn kann vor ihm versterben, schwer erkranken oder sich mit Herrn Freitag zerstreiten. Herbert kann im Sterbefall von Herrn Freitag ablehnen, das Amt als Testamentsvollstrecker zu übernehmen. Dann laufen alle Regelungen zur Testamentsvollstreckung im Testament ins Leere. Aus diesem Grund ist es sinnvoll, dass sich Herr Freitag überlegt, welche Person als Ersatztestamentsvollstrecker in Frage kommt. Der Ersatztestamentsvollstrecker sollte im Testament ausdrücklich benannt werden.

---

**Testamentsentwurf**

Hiermit lege ich, Hans Freitag, geb. am 23.04.1947, wohnhaft ..., meinen letzten Willen wie folgt fest:

Meinen Sohn Herbert Freitag, geb. am 26.09.1965, wohnhaft ..., bestimme ich zu meinem alleinigen Erben.

Mein Enkel Tom Freitag, geb. am ..., wohnhaft ..., erhält ein sofort anfallendes Geldvermächtnis in Höhe von 10.000,00 Euro (in Worten zehntausend).

Sollte mein Enkel Tom dieses Vermächtnis erhalten, bevor er das 21.Lebensjahr vollendet hat, ordne ich für das Vermächtnis Testamentsvollstreckung an. Der Testamentsvollstrecker hat das Vermächtnis für meinen Enkel so lange zu verwalten, bis er das 21.Lebensjahr vollendet hat. Zum Testamentsvollstrecker bestimme ich meinen Sohn Herbert Freitag. Zum Ersatztestamentsvollstrecker bestimme ich meinen Cousin Dieter Freitag. Der Testamentsvollstrecker bzw. Ersatztestamentsvollstrecker hat keinen Anspruch auf eine Vergütung.

Ort, den ...                                Unterschrift

# Vermächtnisse

 **WITWE MIT TOCHTER UND PATENKINDERN**

Frau Sigrid Möbius ist verwitwet und hat eine Tochter Gisela, die einmal alles erben soll. Darüber hinaus hat Frau Möbius viele Patenkinder, die jeweils ein Erinnerungsstück oder einen Geldbetrag erhalten sollen.

Frau Möbius sollte die Gegenstände, die an die Patenkinder vermacht werden sollen, so exakt bezeichnen, dass es nicht zu Verwechslungen und Streit kommen kann. Bei Porzellan sollte Frau Möbius bei der Beschreibung des Gegenstands die Marke und das Dekor angeben. Wird ein Bild vermacht, sollten zumindest das Motiv und der Name des Malers angegeben werden.

Bei Geldbeträgen ist es Frau Möbius zu empfehlen, nicht nur die genaue Summe des Geldvermächtnisses anzugeben. Sie sollte den Geldbetrag zur Sicherheit auch in Worten ausschreiben. Wie schnell kann ein Vermächtnisnehmer in die Versuchung kommen, dem Betrag eine Null anzufügen. Ist der Betrag in Worten ausgeschrieben, ist diese Gefahr gebannt.

---

**Testamentsentwurf**

Hiermit lege ich, Sigrid Möbius, geb. am 22.02.1954, wohnhaft ..., meinen letzten Willen wie folgt fest:

Zu meiner Alleinerbin bestimme ich meine Tochter Gisela Möbius, geb. am 10.10.1977, wohnhaft ...

Die nachfolgend genannten Personen sollen jeweils als sofort anfallendes Vermächtnis die folgenden Gegenstände erhalten:

Frau Heidrun Falke, geb. am 08.07.1980, erhält den großen Meißner Wandteller, Drachenmuster, und die Meißner Tortenplatte, Weinlaub.

Herr Holger Müller, geb. am 01.11.1978, wohnhaft ..., erhält das Ölgemälde „Sonnenaufgang" des Kunstmalers Edwin Nolde.

Frau Heidi Huber, gab. am 02.03.1979, wohnhaft ..., erhält meine Singer-Nähmaschine und einen Geldbetrag in Höhe von 3.000,-- Euro (in Worten dreitausend).

Ort, den ...

Unterschrift

# Auflage zugunsten eines Haustieres

**ALLEINSTEHENDER ÄLTERER HERR MIT HUND**

Herr Förster, der allein lebt und bereits 75 Jahre alt ist, hat keine näheren Familienangehörigen und Freunde, die er bedenken will. Wichtig ist ihm, dass sein Dackel Waldi nach seinem Tod gut versorgt und artgerecht gehalten wird. Da er sich ohnehin sehr für Tiere und die Umwelt interessiert, hat er sich überlegt, einer gemeinnützigen Stiftung, die sich für Tiere und Umwelt einsetzt, sein Vermögen zu hinterlassen. Er macht sich aber Sorgen darüber, ob die Stiftung nicht am Ende das Vermögen nimmt und Waldi doch in ein Tierheim steckt. Deshalb möchte er, dass sein Freund aufpasst, dass es Waldi auch wirklich gut geht. Herr Förster möchte sich bei seinem Freund für diesen Gefallen bedanken, indem der Freund für diese Tätigkeit eine kleine Vergütung erhalten soll.

Jeder weiß, dass ein Tier nicht erben kann. Erben können nur eine natürliche oder eine juristische Person sein, aber kein Tier. Wer sich ein Haustier angeschafft hat und wem dieses Haustier eng ans Herz gewachsen ist, der möchte auch sicherstellen, dass es dem Tier nach seinem Tod gut geht. Oft kann der Erblasser im Familien- oder Freundeskreis eine Person finden, die sich später um das Tier kümmern will. Häufig hat der Erblasser jedoch Angst davor, dass das Tier später nach seinem Tod einfach ausgesetzt wird und keiner es haben will. Es ist ein verständlicher Wunsch, wenn sicherge-stellt werden soll, dass es dem Tier später gut geht. Dafür bietet sich eine Auflage an, deren Erfüllung durch Testamentsvollstreckung kontrolliert wird.

Herr Förster hat einen guten Freund, der sich später darum kümmern will, dass es dem Dackel Waldi gut geht. Dieser Freund wird Testamentsvoll-strecker. Mit diesem Amt kontrolliert der Freund den Erben, die gemein-nützige Stiftung. Der Testamentsvollstrecker erhält für seine Tätigkeit eine Vergütung, die Herr Förster der Höhe nach exakt festgelegt hat. Außerdem erhält er Auslagen erstattet wie beispielsweise Fahrtkosten zum neuen Heim von Dackel Waldi. Mit dem folgenden Testament könnte Herr Förs-ter beruhigt sein, dass sein Tier versorgt wird:

---

**Testamentsentwurf**

Hiermit lege ich, Hans Förster, geb. 08.08.1934, wohnhaft ..., meinen letzten Willen wie folgt fest:

Zu meinem alleinigen Erben bestimme ich die gemeinnützige ... -Stiftung, ge-schäftsansässig ...

Zugleich erteile ich der gemeinnützigen ...-Stiftung die Auflage, sich um mei-nen Dackel Waldi zu kümmern und ihn lebenslang zu versorgen. Dabei lege ich besonderen Wert auf eine artgerechte Haltung des Tieres.

Hiermit ordne ich Testamentsvollstreckung an. Der Testamentsvollstrecker hat die Aufgabe, die Erfüllung der Auflage zu überwachen und sich zu vergewis-sern, dass es meinem Dackel Waldi gut geht. Zum Testamentsvollstrecker be-stimme ich Herrn Paul Riedel, geb. am 17.09.1974, wohnhaft in ... Der Testa-mentsvollstrecker erhält dafür eine einmalige Vergütung in Höhe von 1.000,00 Euro und den Ersatz seiner Auslagen.

Ort, den ...                                              Unterschrift

---

## Abwandlung des Beispielfalles

Wie ließe sich Herr Försters Dackel Waldi versorgen, wenn Herr Förster zwar einen Sohn Rudolf hat, dieser den Dackel jedoch nicht übernehmen kann oder will? Herr Förster will zwar seinen Sohn zum Alleinerben einsetzen, der Dackel muss aber untergebracht und versorgt werden. Herr Förster hat Kontakt aufgenommen zum gemeinnützigen Tierschutzverein XY. Dieser Verein hat zugesagt, sich später im Bedarfsfall um Waldi zu kümmern. Auch in diesem Fall möchte Herr Förster, dass sein guter Freund überwacht, ob es dem Dackel wirklich gut geht.

In diesem Fall sollte Herr Förster seinen Sohn zum Alleinerben einsetzen und dem Tierschutzverein ein Geldvermächtnis zukommen lassen. Dieses Vermächtnis kann Herr Förster mit einer Auflage verbinden. Die Auflage besteht darin, dass sich der besagte Tierschutzverein um Waldi kümmern soll.

Das Geldvermächtnis sollte so hoch bemessen sein, dass alle Kosten für Waldi für dessen restliches Hundeleben abgedeckt sind. Herr Förster sollte bedenken, welche Beträge in den nächsten Jahren für Hundesteuer, Futter und Tierarzt entstehen können. Es sollte nach Abzug dieser Kosten noch ein Betrag für den Tierschutzverein übrig bleiben, damit ein Anreiz besteht, sich überhaupt um das Tier zu kümmern. Schließlich könnte der Tierschutzverein das Vermächtnis mitsamt Auflage und Waldi ablehnen. Ein Vermächtnisnehmer kann nicht gezwungen werden, ein Vermächtnis anzunehmen. Der Dackel Waldi sollte sozusagen eine „Mitgift" mitbringen, damit er in jedem Fall willkommen ist. Das könnte mit folgendem Testament geschehen:

---

### Testamentsentwurf

Hiermit lege ich, Hans Förster, geb. 08.08.1934, wohnhaft ..., meinen letzten Willen wie folgt fest:

Zu meinem alleinigen Erben bestimme ich die meinen Sohn Rudolf Förster, geb. ..., wohnhaft ...

Als sofort anfallendes Geldvermächtnis erhält der gemeinnützige Tierschutzverein XY, geschäftsansässig ..., einen Geldbetrag in Höhe von 5.000,00 Euro (in Worten fünftausend). Dieses Geldvermächtnis ist verbunden mit der Auflage, sich um meinen Dackel Waldi zu kümmern und ihn lebenslang zu versorgen. Dabei lege ich besonderen Wert auf eine artgerechte Haltung des Tieres.

Hiermit ordne ich Testamentsvollstreckung im Hinblick auf das Vermächtnis an den gemeinnützigen Tierschutzverein XY an. Der Testamentsvollstrecker hat die Aufgabe, die Erfüllung der Auflage zu überwachen und sich zu vergewissern, dass es meinem Dackel Waldi gut geht. Zum Testamentsvollstrecker bestimme ich Herrn Paul Riedel, gab. am 17.09.1974, wohnhaft in ... Der Testamentsvollstrecker erhält dafür eine einmalige Vergütung in Höhe von 1.000,00 Euro und den Ersatz seiner Auslagen.

Ort, den ...                                                    Unterschrift

# Pflichtteilsentziehung

**WITWER MIT MISSRATENEM SOHN**

Herr Max Meißner aus Schwerin ist verwitwet und hat einen Sohn Rudolf. Mit diesem Sohn hat Herr Meißner Schlimmes durchgemacht. Rudolf hat seinen Lebensunterhalt mit Ladendiebstählen und kleinen Einbrüchen „verdient". Häufig hat er seinen Vater bestohlen, wenn ihm das Geld ausgegangen war. Die Situation eskalierte, als der Vater dazu kam, wie sein Sohn einen kleinen versteckten Bargeldbetrag des Vaters an sich nahm. Herr Meißner machte seinen Sohn Vorhaltungen, dass er endlich ein geregeltes, ordentliches Leben führen solle. Darauf ist der Sohn Rudolf regelrecht „ausgerastet". Er hat mit einem Jagdmesser auf seinen Vater eingestochen und geschrien: „Ich bringe dich um!" Herr Meißner ist nur knapp mit dem Leben davon gekommen, weil Nachbarn seine Hilferufe gehört und dann Krankenwagen und Polizei verständigt hatten. Rudolf Meißner wurde für diese Tat strafrechtlich zur Verantwortung gezogen. Es ist ein verständlicher Wunsch von Herrn Meißner, dass er möchte, dass sein Sohn nichts mehr nach seinem Tod erbt. Er wünscht, dass sein Sohn keinen Erbteil bekommt und auch keinen Pflichtteil. Da Herr Meißner engen Kontakt zu seinem Neffen Michael Meißner hat, möchte er, dass dieser einmal alles erbt.

Die schwerwiegenden Taten des Sohnes rechtfertigen es in diesem extremen Ausnahmefall, dass Herr Meißner ihn nicht nur enterbt, sondern ihm sogar den Pflichtteil entzieht. Dabei muss Herr Meißner die strengen Formvorschriften zur Pflichtteilsentziehung beachten. Es muss den Sachverhalt genau schildern, der zu dieser Pflichtteilsentziehung führt. Außerdem sollte er sicherstellen, dass der Sachverhalt später nach seinem Tod bewiesen werden kann, wenn der Sohn alles bestreitet und meint, der Vater habe den schlimmen Vorfall aus reiner Bosheit erfunden. Zu diesem Zweck sollte Herr Meißner Beweismittel und Zeugen nennen, die den Sachverhalt bestätigen können.

Hat Herr Meißner seinem Sohn die schlimme Tat inzwischen verziehen, ist er nicht mehr berechtigt, seinem Sohn wegen der damaligen Vorkommnisse den Pflichtteil zu entziehen. Kann der Sohn beweisen, dass er sich inzwischen mit seinem Vater ausgesöhnt hat, führt das zum Wegfall der Pflichtteilsentziehung. Dann bliebe es lediglich bei der im Testament ausgesprochenen Enterbung und Erbeinsetzung für den Neffen Michael. Der Sohn Rudolf könnte seinen Pflichtteil verlangen. Deshalb ist es wichtig, dass Herr Meißner in sein Testament schreibt, dass er zumindest zum Zeitpunkt der Testamentserrichtung seinem Sohn die Tat nicht verziehen hat.

---

### Testamentsentwurf

Hiermit lege ich, Max Meißner, geb. am 17.06.1953, wohnhaft ..., meinen letzten Willen wie folgt fest:

Zu meinem Alleinerben bestimme ich meinen Neffen Michael Meißner, geb. ..., wohnhaft ...

Mein Sohn Rudolf Meißner wird von mir nicht nur enterbt. Ich möchte ihm zugleich auch den Pflichtteil entziehen. Dieser Pflichtteilsentziehung liegt folgender Sachverhalt zugrunde:

Am 25.08.2006 kam ich überraschend früher von Arbeit nach Hause und sah, wie mein Sohn Rudolf mich zum wiederholten Male bestohlen hat. Ich habe ihm deswegen Vorhaltungen gemacht. Darauf wurde mein Sohn wütend auf mich, zog ein Messer hervor und hat mich mit vielen Stichen an Schulter, Rücken und Hals verletzt.

Wie er später vor der Polizei in seiner Aussage zugab, wollte er mich umbringen, um endlich an mein gesamtes Geld zu kommen. Meine Nachbarn, die Eheleute Lehmann, wohnhaft ..., haben meine Schreie gehört. Wären sie mir nicht durch die offene Terrassentür zu Hilfe gekommen, hätte mein Sohn mich sicherlich umgebracht. Für diese Tat wurde mein Sohn am ... vom Landgericht ... unter Aktenzeichen ... rechtskräftig verurteilt. Der von mir geschilderte Sachverhalt ergibt sich aus dem Polizeiprotokoll vom ..., dem ärztlichen Bericht des Krankenhauses vom ... sowie der gesamten Strafverfahrensakte und dem Strafurteil des Landgerichts ... gegen meinen Sohn. Außerdem können die Eheleute Lehmann den Sachverhalt bestätigen.

Ich habe meinem Sohn diese Verfehlung nicht verziehen und werde sie auch nicht verzeihen.

Ort, den ...                                                  Unterschrift

# Pflichtteilsbeschränkung in guter Absicht

 **GESCHIEDEN MIT DROGENABHÄNGIGEM SOHN UND ENKEL**

Herr Paul Klein ist geschieden, lebt allein und hat einen Sohn, Siegfried Klein, zu dem er ein gutes Verhältnis hat. Leider hat Siegfried ein Problem, er ist drogenabhängig. Jegliches Geld, das er erlangen kann, setzt er sofort in Drogen um. Alles, was er besaß, hat er bereits zu Geld gemacht und ausgegeben. Um seine Sucht zu finanzieren, hat er sich überall Geld geborgt und ist sehr hoch verschuldet. Der Vater hat mehrfach versucht, seinem Sohn aus diesem finanziellen Engpass herauszuhelfen, damit dieser ein neues Leben beginnen kann. Jedes Mal hat aber der Sohn das gesamte Geld des Vaters ausgegeben und wieder neue Schulden gemacht. Entziehungskuren hat der Sohn bisher abgebrochen oder abgelehnt.

Der Sohn Siegfried ist geschieden und hat einen minderjährigen Sohn Alexander, der bei Siegfrieds geschiedener Frau lebt. Zu diesem Enkel hat Herr Klein ein enges und herzliches Verhältnis. Herr Kleins ehemalige Schwiegertochter genießt nach wie vor seine Achtung. Herr Klein hat Verständnis dafür, dass sie die Drogensucht seines Sohnes nicht tolerieren konnte und die Scheidung eingereicht hatte. Herr Klein möchte, dass sein Sohn zwar etwas erben soll, aber er soll nicht die gesamte Erbschaft erhalten. Gleichzeitig soll er daran gehindert werden, die Erbschaft für Drogen auszugeben. Herr Klein hat einen guten Freund, der ihm helfen will, das Geld später für den Sohn zu verwalten.

Es ist ein verständlicher Wunsch, dass Herr Klein nicht möchte, dass sein Sohn die Erbschaft für Drogen ausgibt, so wie das bereits früher mit Geldgeschenken der Fall war. Herr Klein kann sich sicher sein, dass sein Sohn innerhalb kürzester Zeit die Erbschaft verschleudern würde. Deshalb möchte er, dass seinem Sohn geholfen wird, indem er Zuwendungen erhält, die er nicht in Drogen umsetzen kann. Andererseits möchte er, dass später einmal sein Vermögen dem minderjährigen Kind des Sohnes, also dem Enkel Alexander, zugute kommt.

Die Pflichtteilsbeschränkung in guter Absicht ist ein hervorragendes Instrument für derartige Fälle. Es bietet sich an, dem Sohn nicht die gesamte Erbschaft zuzuwenden, sondern lediglich einen Anteil, der sich zwischen dem Pflichtteil und der gesamten Erbschaft bewegt. Herr Klein hat sich dafür entschieden, seinem Sohn lediglich zwei Drittel der Erbschaft zuzuwenden. Den restlichen Anteil in Höhe von einem Drittel soll sofort der Enkel Alexander erhalten.

Für seinen Erbanteil in Höhe von zwei Dritteln wird der Sohn Siegfried nur Vorerbe. Ihm werden eine Reihe von Beschränkungen auferlegt, die verhindern, dass er das Geld für Drogen ausgibt. Er erhält lediglich Naturalien und bekommt kein Geld in die Hand. Zusätzlich wird der Erbteil unter Testamentsvollstreckung gestellt. Sollte Siegfried es geschafft haben, zum Zeitpunkt des Erbfalls ein geregeltes Leben zu führen, sein Suchtproblem im Griff zu haben und die Schulden abzuzahlen, fällt die im Testament vorgesehene Beschränkung automatisch weg. Er kann dann frei über seinen Erbteil verfügen. Allerdings muss er nachweisen, dass er tatsächlich zum Zeitpunkt des Erbfalls in geordneten Verhältnissen lebt.

Der Sohn Siegfried könnte auf den Gedanken kommen, die Erbschaft auszuschlagen, damit auf die ihm zugedachten zwei Drittel des Vermögens zu verzichten und stattdessen den Pflichtteil zu fordern. Auf diesen Pflichtteil hätte er sofort Zugriff. Die Pflichtteilsquote würde die Hälfte des gesetzlichen Erbteils, also ½, betragen. Das wäre zwar weniger als der ihm zugedachte Erbteil von zwei Dritteln, aber er könnte frei darüber verfügen. Um derartige Ansinnen zu verhindern, muss auch der Pflichtteil unter die Pflichtteilsbeschränkung in guter Absicht gestellt werden.

Da der Enkel noch minderjährig ist, benötigt auch er Schutz und Kontrolle, allerdings nur, bis er aus Sicht von Herrn Klein mit 23 Jahren die nötige Reife hat, mit Geld umzugehen. Deshalb sollte Herr Klein den Erbteil des Enkels ebenfalls unter Testamentsvollstreckung stellen, aber nur bis zur Vollendung des 23. Lebensjahres des Enkels. Es bietet sich an, dass die Mutter des Enkels, also Herr Kleins ehemalige Schwiegertochter, diese Verwaltung übernimmt. Herr Kleins Testament könnte folgendermaßen aussehen:

---

### Testamentsentwurf

Hiermit lege ich, Paul Klein, geb. am 12.06.1951, wohnhaft in ..., meinen letzten Willen wie folgt fest:

Zu meinen Erben bestimme ich meinen Sohn Siegfried Klein, geb. am 01.05.1983, wohnhaft ..., zu 2/3 Erbanteil und meinen Enkel Alexander Klein, geb. am 13.11.2006, wohnhaft ..., zu 1/3 Erbanteil.

Gemäß § 2328 BGB beschränke ich die Rechte meines Sohnes Siegfried Klein in guter Absicht dadurch, dass der ihm zufallende Erbteil seinen gesetzlichen Erben als Nacherben zufallen soll. Mein Sohn ist in einem Maße überschuldet, dass ein späterer Erwerb ernstlich gefährdet ist. Sein Vermögen und alle bisherigen Zuwendungen, die ich ihm habe zukommen lassen, hat er verschwendet. Ich muss davon ausgehen, dass er alle weiteren Zuwendungen und Erwerbe ebenfalls verschwenden wird.

Für den Erbteil meines Sohnes Siegfried ordne ich Verwaltungstestamentsvollstreckung an. Der Testamentsvollstrecker hat ihm den jährlichen Reinertrag des Erbteils in Form von Naturalien zuzuwenden, die der Testamentsvollstrecker ihm nach eigenem Ermessen auswählt. Insbesondere soll es sich dabei um Lebensmittel und Bekleidung handeln, wobei der Testamentsvollstrecker nach eigenem Ermessen auch andere Naturalzuwendungen machen kann.

> Zum Testamentsvollstrecker bestimme ich meinen Freund Herrn Henri Groß, wohnhaft ... Für die Übernahme dieses Amtes erhält der Testamentsvollstrecker eine einmalige Vergütung in Höhe von 2.000,-- Euro (in Worten zweitausend). Sollte mein Sohn Siegfried den Erbteil ausschlagen und den Pflichtteil verlangen, so soll dieser Pflichtteil den gleichen Beschränkungen unterliegen, wie ich sie für seinen Erbteil angeordnet habe.
>
> Sollte mein Enkel Alexander zufolge meines Testaments Erbe oder Nacherbe geworden sein, bevor er das 23. Lebensjahr vollendet hat, stelle ich seinen Erbteil ebenfalls unter Testamentsvollstreckung. Diese soll andauern, bis er das 23. Lebensjahr vollendet hat. Zum Testamentsvollstrecker bestimme ich die Mutter von Alexander, Frau Ulrike Klein, geboren ..., wohnhaft ... Sie hat keinen Anspruch auf eine Vergütung, erhält aber den Ersatz von Auslagen.
>
> Ort, den ...                       Unterschrift

# Ersatzerbeneinsetzung

**ÄLTERES, KINDERLOSES EHEPAAR**

> Herr und Frau Reuter sind im gesetzlichen Güterstand (Zugewinngemeinschaft) miteinander verheiratet. Sie haben beide keine Kinder. Beide sind bereits im fortgeschrittenen Alter. Zunächst möchten sie sich gegenseitig absichern, wenn einer von ihnen verstirbt. Sie möchten gern, dass ihr Lieblingsneffe Herbert Reuter später einmal alles erbt. Der Neffe Herbert ist verheiratet und hat zwei Kinder. Für den Fall, dass Herbert selbst vor oder mit den Eheleuten Reuter versterben sollte, möchten sie, dass die Erbschaft an Herberts Kinder geht. Die Eheleute Reuter vertrauen sich gegenseitig und möchten, dass der Überlebende die Schlusserbfolge im Bedarfsfall abändern darf.

Handelte es sich bei Herbert um einen Sohn der Eheleute Reuter, könnten nach den gesetzlichen Auslegungsregeln dessen Kinder automatisch in der Erbfolge nachrücken. Herbert ist aber kein Abkömmling, sondern der Neffe. Die gesetzliche Auslegungsregel, dass Kinder eines Kindes in der Erb-

folge nachrücken, wenn das Kind selbst wegfällt, gilt nicht für die Seitenlinie bei Neffen und Nichten. Aus diesem Grunde muss hier eine ausdrückliche Ersatzerbenregelung vorgenommen werden. Ansonsten wäre es zweifelhaft, ob die Kinder von Herbert nachrücken können oder nicht. Eine
solche Ersatzerbenregelung könnte sich aus einer Auslegung des Testaments oder eine sinngemäße Andeutung im Testament ergeben.

Gibt das Testament keine Anhaltspunkte dafür, dass die Kinder des Neffen
in der Erbfolge nachrücken sollten, müssten die Kinder nachweisen, dass
Herbert den Eheleuten Reuter wie ein Sohn nahe stand. Ist dieser Beweis
nicht möglich, könnten die Kinder des Neffen nicht die testamentarische
Erbfolge antreten. Derartige Probleme schaffen für die potenziellen Ersatzerben eine unsichere Rechtsposition, sodass es sich in deren Interesse empfiehlt, gleich präzise Formulierungen vorzunehmen.

Sollen bei der Ersatzerbfolge wie hier beim Neffen Herbert dessen Kinder
bzw. Enkel nachrücken, sollten sich die Eheleute Reuter überlegen, ob diese Abkömmlinge nach Köpfen oder nach Stämmen nachrücken sollen.

Meist wird die Erbfolge nach Stämmen gewünscht, also dass die Kinder
und Kindeskinder nachrücken, untereinander nach den gesetzlichen Erbregeln erster Ordnung.

Hat der Neffe Herbert beispielsweise zwei Kinder, von denen jedes wiederum selbst zwei Kinder hat, gibt es insgesamt zwei Kinder und vier Enkel
von Herbert. Würde Herbert versterben, erben dessen zwei Kinder je zur
Hälfte. Wäre eines der Kinder verstorben und kann deshalb nicht erben,
rücken nach den gesetzlichen Erbregeln der Erben erster Ordnung dessen
zwei Kinder, also die beiden Enkel von Herbert, nach und teilen sich den
hälftigen Erbteil, den das vorverstorbene Kind hätte erhalten sollen. Das
Erbe von Herbert erhielte das eine Kind von Herbert zur Hälfte und die
beiden Enkel zu jeweils einem Viertel. Fällt Herbert in der von den Eheleuten vorgesehenen Erbfolge weg, wünschen sich die Reuters sicher, dass
seine Kinder und Enkel untereinander nach den gesetzlichen Erbregeln
erster Ordnung nachrücken. Das ist eine Ersatzerbenregelung, die die Erbfolge so regelt, als ob der Neffe Herbert ein Kind der Eheleute Reuter wäre.
Im Testament wird in diesem Fall ausgedrückt, dass als Ersatzerben die
Abkömmlinge des Erben untereinander nach den gesetzlichen Erbregeln
erster Ordnung erben sollen.

Nicht alle Erblasser wünschen, dass in der Seitenlinie bei Neffen und Nichten nach diesem Prinzip geerbt wird. Vereinzelt wünschen sie, dass die Ersatzerben nach Kopfanzahl nachrücken, wenn der Erbe wegfällt. Dann würden beim Wegfall von Herbert und einem seiner Kinder sein übriges Kind und die beiden Enkel zu je einem Drittel als Erben nachrücken. Das will Familie Reuter jedoch nicht. Die Erbfolge könnte wie folgt aussehen:

---

**Testamentsentwurf**

Wir, die Eheleute Bertha Reuter, geb. 11.04.1934, und Erich Reuter, geb. am 12.05.1933, wohnhaft ... legen hiermit unseren gemeinsamen letzten Willen wie folgt fest:

Wir setzen uns gegenseitig zu Alleinerben ein.

Nach dem Tode des Zuletztversterbenden von uns bzw. im Falle unseres gleichzeitigen Ablebens bestimmen wir unseren Neffen Herrn Herbert Reuter, geb. 21.07.1964, wohnhaft ... zum Erben. Für den Fall, dass Herbert Reuter diese Erbschaft nicht annehmen kann, bestimmen wir zu Ersatzerben seine Abkömmlinge, untereinander nach den gesetzlichen Erbregeln 1. Ordnung.

Der überlebende Ehegatte ist berechtigt, von diesem Testament abweichende letztwillige Verfügungen zu verfassen und neu zu testieren.

Ort, den ...

Unterschrift                    Unterschrift

---

# Teilungsanordnung

 **GESCHIEDEN, ZWEI KINDER, GRUNDBESITZ**

Frau Mangold lebt in Dresden, ist geschieden und hat zwei volljährige Kinder, die Töchter Sabine und Anne. Von ihren Eltern hat sie zwei Häuser geerbt. Es handelt sich dabei um ein Einfamilienhaus und ein Miethaus, die etwa gleich im Wert sind. Beide Häuser befinden sich in Dresden. Außerdem hat sie einen Geldbetrag in Höhe von 30.000 Euro auf dem Konto. Beide Kinder verstehen sich zwar gut, aber das Einfamilienhaus hätte später jeder von beiden gern. Die Tochter Sabine und ihr Mann haben am Wohnort der Mutter Arbeit und wohnen in einer kleinen Wohnung in der Nähe der Mutter. Die Tochter Anne lebt und arbeitet mit ihrem Mann im weit entfernten München. Frau Mangold möchte gerne, dass ihre beiden Töchter jeweils zur Hälfte erben. Außerdem ist es ihr Wunsch, dass der Familienfrieden gewahrt bleibt.

Frau Mangold sollte eine Entscheidung treffen, welche der beiden Töchter das von beiden begehrte Einfamilienhaus erhält, damit es später keinen Zank zwischen den Geschwistern gibt. Es bietet sich möglicherweise an, dass die Tochter Sabine, die vor Ort wohnt und arbeitet, das Einfamilienhaus bekommt. Wenn die Tochter Anne weit entfernt wohnt, macht es wenig Sinn, ihr das Einfamilienhaus zu geben, denn es ist höchst fraglich, ob sie und ihr Mann problemlos am Wohnort der Mutter eine Arbeit finden. Damit könnte die Tochter Anne wahrscheinlich ohnehin nicht in das Einfamilienhaus einziehen und würde es vermieten müssen.

Für die Verwaltung eines Miethauses muss der Eigentümer nicht ständig vor Ort sein. Anne könnte einen Hausverwalter beauftragen, der sich vor Ort um das Miethaus kümmert und der ihr dann die Gewinne aus der Vermietung überweist. Wenn die Familienverhältnisse es zulassen, sollte Frau Mangold mit ihren beiden Töchtern „Familienrat" halten und das Problem besprechen. Wenn die Kinder die Entscheidung der Mutter richtig finden oder sie zumindest akzeptieren, kann das späteren Streit vermeiden helfen.

Frau Mangold sollte im Wege der Teilungsanordnung festlegen, welche Tochter welches Haus erhält. Da ausreichend Nachlass vorhanden ist, ist die Teilung ohne weiteres möglich, ohne dass einer der beiden Erben aus seinem Privatvermögen zahlen muss. Beide Töchter sollen jeweils zur Hälfte erben. Sind die Häuser unterschiedlich im Wert, muss die hier glücklicherweise geringe Wertdifferenz ausgeglichen werden, wozu der auf dem Konto befindliche Betrag von 30.000 Euro im konkreten Fall ausreicht. Ist der Sterbefall eingetreten, müssen beide Töchter einen notariellen Auseinandersetzungsvertrag abschließen. In diesem Vertrag wird entsprechend den Maßgaben im Testament festgelegt, welches Kind welches Haus erhält, damit der Eigentümerwechsel auch im Grundbuch vollzogen werden kann.

Frau Mangold wird folgendes Testament vorgeschlagen:

---

**Testamentsentwurf**

Hiermit lege ich, Renate Mangold, geb. Feurich, geb. am 20.09.1954, wohnhaft ... meinen letzten Willen wie folgt fest:

Meine beiden Kinder Sabine Mangold, geb. am ... wohnhaft in ..., und Anne Mangold, geb. am ............, wohnhaft in ..., setze ich hiermit zu jeweils 1/2 Anteil zu Erben ein.

Im Wege der Teilungsanordnung lege ich fest, dass meine Tochter Sabine das Einfamilienhaus, gelegen in (Postanschrift), Grundbuch von (Grundbuchangaben einfügen), und meine Tochter Anne Mangold das Miethaus in (Postanschrift), Grundbuch von (Grundbuchangaben einfügen), erhält.

Ort, den ...             Unterschrift

---

## Abwandlung des Falles

Wie wäre der Fall zu betrachten, wenn Frau Mangold kein sonstiges Vermögen hat, also kein Geld auf dem Konto liegt und die Häuser eine größere Wertdifferenz aufweisen? Frau Mangold könnte zu dem Schluss kommen, dass es besser ist, wenn das wertvollere der Häuser verkauft wird, um die Wertdifferenz auszugleichen. Das will sie aber auf keinen Fall. Beide Häuser sollen unbedingt in Familienbesitz bleiben. Jede Tochter soll ein Haus erhalten. Frau Mangold hat nach Zweckmäßigkeit entschieden und

ist der Auffassung, dass die Tochter Sabine das wertvollere Einfamilienhaus erhalten soll und die Tochter Anne das Miethaus mit dem geringeren
Wert. Um die Wertdifferenz zwischen den Häusern auszugleichen, müsste
die Tochter Sabine an Anne aus ihrem Privatvermögen eine Ausgleichs-
zahlung vornehmen. Dazu ist Sabine wirtschaftlich nicht in der Lage.

In dieser Situation stehen Eltern vor der Frage, wie gerecht sie das Erbe
teilen wollen – aber wie gerecht können sie sich eine Teilung überhaupt
leisten? Eigentlich will Frau Mangold keine der beiden Töchter begünstigen oder benachteiligen. Beide sollen gleich große Erbteile erhalten. Das
wäre nur möglich, wenn zumindest das wertvollere der beiden Häuser oder
sogar beide verkauft werden. Das Geld kann dann problemlos gerecht geteilt werden.

Frau Mangold will jedoch beide Häuser unbedingt im Familienbesitz behalten. Häufig sind Kinder wirtschaftlich nicht in der Lage, Ausgleichszah-
lungen an Geschwister aufzubringen. Dann stellt sich für Frau Mangold
die Frage, ob sie es sich in dieser Situation leisten kann, beide Kinder im
gleichen Umfang zu bedenken. Es ist möglich, dass sie dasjenige Kind,
welches das wertvollere Haus erhalten soll, begünstigen muss – und zwar
nicht, weil sie eines der Kinder dem anderen vorzieht, sondern weil sie die
Häuser halten und einen Verkauf des Grundbesitzes vermeiden möchte.
Diese Situation ist oft für das benachteiligte Kind schwer zu verstehen. Ein
klärendes Gespräch im Vorfeld zwischen Mutter und beiden Töchtern kann
auch hier Streit vermeiden helfen.

Kann sich die Tochter Sabine mit dem wertvolleren Haus eine Ausgleichs-
zahlung wirtschaftlich auch mit einer Bankfinanzierung nicht leisten,
kann Frau Mangold im Testament aufnehmen, dass eine solche Zahlung
von Sabine nicht zu leisten ist. Diesen Mehrwert, den Sabine damit gegenüber ihrer Schwester Anne erhält, bekommt sie als ein Vermächtnis. Es
handelt sich dabei um ein Vorausvermächtnis. Das ist ein Vermächtnis,
welches Sabine zusätzlich zu ihrem hälftigen Erbteil erhält.

Die Grenze für eine derartige Gestaltung bildet der Pflichtteil der Tochter
Anne. Bei diesem Testament sollte Anne nicht weniger erhalten, als ihr
Pflichtteil ausmacht. Das könnte der Fall sein, wenn beispielsweise das
Einfamilienhaus für Sabine eine Villa in bester Lage wäre und das Grund-
stück für Anne ein verschuldetes Abrissgrundstück. Dann könnte Anne

zusätzlich zu ihrem Erbteil einen Pflichtteilsrest fordern, wenn ihr Abriss-grundstück weniger wert wäre, als ihr Pflichtteil ausmacht. Der Pflicht-teilsrest wäre der Differenzbetrag von ihrem relativ geringen Erbteil zum Pflichtteil.

Das soll hier nicht der Fall sein. Beide Töchter erhalten wertvolle Grund-stücke, die im Wert etwa 30.000 Euro auseinander liegen. Eigentlich müss-te Sabine die Hälfte dieser Differenz, also einen Betrag in Höhe von 15.000 Euro, zahlen. Das kann mit folgendem Testament vermieden werden:

---

**Testamentsentwurf**

Hiermit lege ich, Renate Mangold, geb. Feurich, geb. am 20.09.1954, wohn-haft ..., meinen letzten Willen wie folgt fest:

Meine beiden Kinder Sabine Mangold, geb. am ... wohnhaft ..., und Anne Mangold, geb. am ..., wohnhaft ..., setze ich hiermit zu jeweils 1/2 Anteil zu Erben ein.

Im Wege der Teilungsanordnung lege ich fest, dass meine Tochter Sabine das Einfamilienhaus, gelegen in (Postanschrift), Grundbuch von (Grundbuchanga-ben einfügen), und meine Tochter Anne Mangold das Miethaus in (Postan-schrift), Grundbuch von (Grundbuchangaben einfügen) erhält.

Soweit aufgrund dieser Teilungsanordnung eine der Miterben mehr erhält, als ihrer Erbquote entspricht, hat sie den erhaltenen Mehrwert jedoch nicht aus-zugleichen. Der Mehrwert ist ihr als Vorausvermächtnis zugewendet.

Ort, den ...                                    Unterschrift

# Das Behindertentestament

 **BEISPIEL  EHEPAAR, ZWEI KINDER, EIN KIND GEISTIG BEHINDERT**

Das Ehepaar Siegfried und Maria Hoffmann ist im gesetzlichen Güterstand (Zugewinngemeinschaft) verheiratet. Sie haben zwei gemeinsame Kinder, die Tochter Rita und den Sohn Holger. Der Sohn Holger ist geistig schwer behindert. Er lebt in einer Behinderteneinrichtung und geht dort in die Förderwerkstatt. Jeweils über das Wochenende kommt er nach Hause zu seinen Eltern. Trotz seiner Behinderung wird Holger von der Familie als geachtetes und vollwertiges Familienmitglied anerkannt. Rita kümmert sich gern um ihren Bruder und möchte das auch tun, wenn die Eltern einmal nicht mehr sind oder wenn es ihnen gesundheitlich schwer fällt. Sie will sich später vom Vormundschaftsgericht als Betreuerin einsetzen lassen.

Holger bezieht bereits Sozialhilfe, da seine geringen Einkünfte wie Kindergeld und eine Rente nicht ausreichen, seine Heimkosten zu decken. Die Eheleute Hoffmann sind der Auffassung, dass ihr Sohn Holger keinesfalls weniger als die Tochter Rita erhalten solle. In seiner Freizeit bastelt Holger für sein Leben gern. Er ist Fußballfan und hat Freude an seiner Lieblingsmannschaft. Herr Meier ist ein guter Freund von Familie Hoffmann, zu dem sie in Geldangelegenheiten Vertrauen haben. Er kennt Holger gut und kann dessen Bedürfnisse und Neigungen einschätzen. Herr Meier ist als guter Freund bereit, sich ohne eine Vergütung um Holgers Finanzen zu kümmern, auch wenn er weiß, dass er das über viele Jahre hinweg tun wird.

Würden die Eheleute Hoffmann ein normales Berliner Testament verfassen, wären beide Kinder für den ersten Sterbefall enterbt. Damit könnte das Sozialamt, das bereits erhebliche Zahlungen für Holger geleistet hat, Pflichtteilsansprüche für ihn geltend machen und auf sich überleiten. Bei einer Schlusserbfolge würde das Sozialamt den Erbteil von Holger ebenfalls auf sich überleiten für bereits geleistete Zahlungen. Wäre die Erbschaft größer als die vom Sozialamt geleisteten Zahlungen, müsste Holger ab sofort seinen Heimplatz selbst bezahlen, bis die Mittel aus der Erbschaft bis auf einen kleinen Restbetrag aufgebraucht sind.

Auf diese Art und Weise würde sich für Holger keine Verbesserung seiner Lebenslage ergeben. Es ist ein legitimer Wunsch der Eltern, dass Holger in seiner schwierigen Lage weiter ungekürzt Sozialleistungen beziehen kann. Aus den Mitteln der Erbschaft soll ihm aber das Leben erleichtert werden, indem er kleine Zuwendungen erhalten soll.

Die Eheleute Hoffmann sollten die klassische Form des Behindertentestaments wählen. Dabei erhält Holger bereits beim ersten Sterbefall der Eltern einen kleinen Erbanteil, der etwas größer als sein Pflichtteil ist. Diesen Erbteil erhält er als nicht befreiter Vorerbe. Nacherbe sollte die Tochter Rita werden. Damit kann das Sozialamt diese Erbschaft nicht verwerten, da es sich um eine nicht befreite Vorerbschaft handelt, die außerdem unter Testamentsvollstreckung steht.

Bei der Schlusserbfolge wollen die Eltern beide Kinder im gleichen Umfang bedenken. Die Kinder Holger und Rita erben jeweils zur Hälfte, wobei die Erbschaft für Holger wiederum eine nicht befreite Vorerbschaft ist, ähnlich wie beim ersten Sterbefall. Zusätzlich ordnen die Eheleute Hoffmann Testamentsvollstreckung für den Erbteil von Holger an. Er braucht bis zu seinem Lebensende den Schutz und die Hilfe eines Testamentsvollstreckers. Rita kann dieses Amt nicht übernehmen. Sie wird später vom Vormundschaftsgericht als Betreuerin von Holger eingesetzt. Es ist nicht möglich, zugleich Betreuer und Testamentsvollstrecker zu sein. Deshalb ist es gut, dass sich Herr Meier bereit erklärt hat, die Testamentsvollstreckung zu übernehmen.

### Testamentsentwurf

Wir, die Eheleute Maria Hoffmann, geb. Schulze, geb. am 01.01.1964, wohnhaft in ...., und Gottfried Hoffmann, geb. am 14.03.1964, wohnhaft ebenda, legen hiermit unseren gemeinsamen letzten Willen wie folgt fest:

Der zuerst versterbende Ehegatte von uns beiden setzt hiermit den überlebenden Ehegatten zu 5/6 Erbanteil und unseren behinderten Sohn Holger, geb. am 09.06.1988, wohnhaft ..., zu 1/6 Erbanteil als Erben ein.

Bei der Erbeinsetzung für den überlebenden Ehegatten handelt es sich um eine Vollerbschaft. Bei der Erbeinsetzung für unseren behinderten Sohn Holger dagegen soll es sich um eine nicht befreite Vorerbschaft handeln. Der Nacherbfall tritt mit dem Tod des Vorerben ein. Zum Nacherben bestimmen wir unsere Tochter Rita Hoffmann, geb. 12.02.1986, wohnhaft ...

Für den Fall, dass unser Sohn Holger nicht Vorerbe sein kann, soll die angeordnete Vorerbschaft insgesamt wegfallen und der überlebende Ehegatte Alleinerbe werden.

Als Teilungsanordnung legen wir fest, dass unser Sohn Holger seinen Erbteil in Geld erhalten soll.

Zu Schlusserben nach dem Tode des Zuletztversterbenden von uns beiden bzw. zu Erben für den Fall unseres gleichzeitigen Ablebens bestimmen wir unsere Kinder Holger und Rita Hoffmann zu je 1/2 Erbanteil. Bei der Erbeinsetzung für unsere Tochter Rita handelt es sich um eine Vollerbschaft.

Bei der Erbeinsetzung für unseren Sohn Holger soll es sich wiederum um eine nicht befreite Vorerbschaft handeln. Der Nacherbfall tritt mit dem Tod des Vorerben ein. Zum Nacherben bestimmen wir unsere Tochter Rita.

Als Teilungsanordnung legen wir auch hier fest, dass unser Sohn Holger seinen Erbteil in Geld erhalten soll.

Mit Rücksicht darauf, dass unser Sohn Holger wegen seiner Behinderung nicht in der Lage sein wird, seine Angelegenheiten selbst zu vertreten und seinen Erbteil zu verwalten, wird sowohl für den Erbfall nach dem Zuerstversterbenden von uns beiden als auch für den Schlusserbfall bzw. für den Fall unseres gleichzeitigen Ablebens hinsichtlich seines Erbteils Testamentsvollstreckung als Dauervollstreckung angeordnet. Die Aufgabe des jeweiligen Testamentsvollstreckers ist die Verwaltung der Erbteile unseres Sohnes Holger. Der Testamentsvollstrecker hat alle Verwaltungsrechte auszuüben, die dem Vorerben zustehen. Nach Teilung des Nachlasses setzt sich die Testamentsvollstreckung an den dem Vorerben zugefallenen Vermögenswerten fort. Der jeweilige Testamentsvollstrecker ist von den Beschränkungen des § 181 BGB befreit.

Wir treffen hiermit eine Verwaltungsanordnung, die für den jeweiligen Testamentsvollstrecker verbindlich ist. Er hat unserem Sohn Holger die ihm gebührenden anteiligen jährlichen Nutzungen des Nachlasses jeweils in Form von Naturalien zuzuwenden, was aber keinesfalls zu einer Anrechnung oder Kürzung von Sozialleistungen oder Leistungen der Krankenkasse führen darf. Die

konkrete Ausgestaltung dieser Naturalzuwendungen legen wir in das freie Ermessen des Testamentsvollstreckers. Lediglich beispielhaft möchten wir einige
Zuwendungen nennen, die aus unserer Sicht wichtig sind:

1. Geschenke zum Geburtstag, zu Weihnachten und zu den üb lichen
   Feiertagen,
2. entwicklungsgerechter Hobby- und Bastelbedarf,
3. Fan-Artikel seiner Lieblingsfußballmannschaft.

Zum Testamentsvollstrecker bestimmen wir Herrn Frank Meier, geb. am
02.10.1975, wohnhaft ... Falls der von uns ernannte Testamentsvollstrecker
vor oder nach Annahme seines Amtes weggefallen sein sollte, bitten wir das
für unseren Nachlass zuständige Nachlassgericht, einen geeigneten Testamentsvollstrecker zu ernennen.

Der von uns ernannte Testamentsvollstrecker Frank Meier hat keinen Anspruch
auf eine Vergütung, aber Anspruch auf Ersatz seiner Auslagen.

Der überlebende Ehegatte ist berechtigt, von diesem Testament abweichende
letztwillige Verfügungen zu treffen und neu zu testieren.

Ort, den ...

Unterschrift                    Unterschrift

## Abwandlung des Falles

Wie wäre das Testament zu gestalten, wenn Familie Hoffmann nur ein
Kind, den behinderten Holger, hätte? Unabhängig von der Frage der zu
ändernden Erbquote für Holger im ersten Sterbefall machen sich Eltern eines behinderten Kindes in derartigen Fällen Sorgen um die Auflösung des
Haushalts und die Frage, wer die Bestattung organisiert. Holger ist dazu
nicht in der Lage. Diese beiden wichtigen Aufgaben würden ihn überfor-
dern.

Der Hausrat ist zwar gepflegt, aber schon alt und eigentlich wertlos, auch
wenn viele Stücke noch einen hohen Gebrauchswert besitzen. Weder Sohn
Holger noch der Testamentsvollstrecker können Hausratsgegenstände gebrauchen. Im Nachbarhaus wohnt die junge Familie Adam, die zwar nicht

den gesamten Hausrat, aber einige Stücke gut gebrauchen könnte. Wie ist dieses Problem im Testament zu lösen?

Ist nur ein behindertes Kind vorhanden und es existieren keine Geschwister, sollten sich die Eltern Gedanken darüber machen, wer Nacherbe nach dem behinderten Kind wird. In vielen Fällen gibt es Kontakte zu entfernteren Familienangehörigen, wie beispielsweise Neffen oder Nichten, oder gute Freunde der Familie, die als Nacherben in Frage kommen. Gibt es keine Personen, die den Eltern nahe stehen, kann eine gemeinnützige Stiftung oder Organisation zum Nacherben bestimmt werden. In dieser Situation bestimmen die Eltern oft den Träger des Behindertenheims, in dem das behinderte Kind betreut wird, zum Nacherben.

Die Eheleute Hoffmann sollten überlegen, wer in ihrem Bekanntenkreis für die Organisierung der Haushaltsauflösung und der Bestattung in Frage kommt. Oft bietet es sich an, den künftigen Testamentsvollstrecker zu fragen, ob er sich um diese Dinge kümmern kann. In den meisten Fällen kann das vom Testamentsvollstrecker nicht ohne Vergütung verlangt werden.

Im Hinblick auf den Hausrat sollte Familie Hoffmann berücksichtigen, dass dieser wahrscheinlich zum Teil entsorgt oder verschenkt werden muss. Der behinderte Sohn Holger kann mit dem Hausrat nichts anfangen. Er lebt in der Behinderteneinrichtung in einem vollständig möblierten Zimmer. Um nicht den gesamten Hausrat entsorgen zu müssen, sollte Familie Adam ein sogenanntes Wahlvermächtnis am Hausrat erhalten. Herr und Frau Adam können bei diesem Vermächtnis vom Hausrat diejenigen Stücke auswählen, die sie gebrauchen können. Die Stücke, für die sie keine Verwendung haben, muss der Testamentsvollstrecker auf Kosten des Nachlasses entsorgen.

Die Beerdigung des Zuletztversterbenden der Eheleute bzw. die Beerdigung für den Fall des gleichzeitigen Todes könnten die Hoffmanns bereits zu Lebzeiten bei einem Bestatter ihrer Wahl bestellen und organisieren. Es ist Geschmackssache, ob man sich für diese Lösung entscheidet. Für den Fall, dass Herr und Frau Hoffmann ihre Beerdigung beim Bestatter bereits zu Lebzeiten bezahlen wollen, sollten sie darauf achten, dass das Geld auf ein zentrales Treuhandkonto der Bestatterinnung geht. Damit ist gesichert, dass das Geld nicht verloren ist, falls das Bestattungsunternehmen in Insolvenz wäre.

Die Eheleute Hoffmann wollen das nicht, weil sie jetzt noch kein Geld für Bestattungskosten aufbringen wollen. Der Testamentsvollstrecker soll sich darum kümmern. Dazu sollten sie im Testament aufschreiben, wie sie sich die Bestattung vorstellen. Außerdem sollten sie dem Testamentsvollstrecker bereits jetzt ihre Vorstellungen von einer würdigen Beerdigung erklären. Das ist aus dem Grund wichtig, weil sich im Todesfall vielleicht aus Pietätsgründen keiner getraut, im Testament nachzulesen, ob dort eine Regelung im Hinblick auf die Beerdigung getroffen wurde. Wird das Testament zu spät gelesen, können dort aufgeschriebene Festlegungen für die Beerdigung wahrscheinlich nicht mehr beachtet werden.

Sollen Haushaltsauflösung und Beerdigung im Behindertentestament von Familie Hoffmann geregelt werden, ist folgender Zusatz zu empfehlen:

---

### Zusatz zum Behindertentestament

Der von uns ernannte Testamentsvollstrecker hat nach dem Tode des Zuletztversterbenden von uns bzw. für den Fall unseres gleichzeitigen Ablebens folgende zusätzliche Aufgabe:

Er wird beauftragt, auf Kosten des Nachlasses eine angemessene Beerdigung und die Grabpflege für unsere Gräber zu organisieren. Wir wünschen eine Feuerbestattung mit Urnenbeisetzung in einer Urnengrabstätte auf dem XY-Friedhof. Die Grabstelle soll mit einer Dauerbepflanzung mit Efeu versehen werden.

Darüber hinaus hat der Testamentsvollstrecker auf Kosten des Nachlasses den Haushalt aufzulösen und die Wohnung zu beräumen. Die Eheleute Kathrin und Frank Adam erhalten als Vermächtnis diejenigen Hausratsgegenstände, an denen sie Interesse haben und die sie gebrauchen können. Dem Testamentsvollstrecker ist es gestattet, die restlichen, wertlosen Gegenstände zu entsorgen oder an Bedürftige zu verschenken.

---

# Vermächtnis an Behinderten

 **WITWE MIT SOHN UND BEHINDERTEM NEFFEN**

Frau Huber ist verwitwet. Sie hat einen Sohn Günther, der einmal alles erben soll. Darüber hinaus hat sie den behinderten Neffen Holger Hoffmann, dem sie gern etwas Gutes tun möchte. Auch der Sohn Günther hat ein gutes Verhältnis zum seinem behinderten Cousin Holger. Frau Huber besucht ab und zu ihren Neffen in seiner Behinderteneinrichtung und bringt ihm kleine Geschenke und Bastelbedarf mit, worüber sich Holger jedes Mal sehr freut. Sie möchte, dass auch nach ihrem Tod Holger weiterhin diese kleinen Dinge zugewendet bekommt. Was muss sie dazu in ihr Testament schreiben?

Der Neffe Holger ist nicht pflichtteilsberechtigt nach seiner Tante Frau Huber. Wenn sie verstirbt, können er bzw. das Sozialamt gegen den Nachlass von Frau Huber keine Ansprüche stellen. Hier bietet es sich an, dem Sohn Günther die Auflage zu erteilen, die gewohnten kleinen Geschenke für Holger zu kaufen. Holger hat keinen unmittelbaren Anspruch darauf, dass Günther Huber diese Auflage erfüllt. Günther könnte versuchen, sich nicht an die Auflage zu halten. Frau Huber kennt ihren Sohn und ist sich sicher, dass er sich um Holger kümmern wird. Daher hält sie einen Testamentsvollstrecker, der die Erfüllung der Auflage überwacht, nicht für erforderlich. Ihr Testament könnte so aussehen:

---

### Testamentsentwurf

Hiermit lege ich, Gertraude Huber, geb. 02.07.1958, wohnhaft in ..., meinen letzten Willen wie folgt fest:

Zu meinem Alleinerben bestimme ich meinen Sohn Günther.

Meinem Sohn Günther erteile ich gleichzeitig die Auflage, meinem Neffen Holger Hoffmann, geb. am 09.06.1983, wohnhaft ..., jährlich Naturalien im Wert von 250,-- Euro zuzuwenden. Mein Sohn Günther kann nach eigenem Ermessen selbst auswählen, was er Holger zuwenden möchte. Es soll sich dabei jeweils um Geschenke zum Geburtstag, zu Weihnachten, zu Ostern und den üblichen Festtagen handeln. Es sollen Hobby- und Bastelbedarf, entwicklungsgerechtes Spielzeug, kleine Naschereien und Unterhaltungselektronik gekauft werden.

Ort, den ...                                   Unterschrift

# Testament/Erbvertrag für Lebensgefährten

**LEBENSGEMEINSCHAFT OHNE KINDER**

Frau Engmann und Herr Fischer sind nicht miteinander verheiratet, leben jedoch bereits seit acht Jahren in Lebensgemeinschaft. Heiraten ist für beide vorerst kein Thema. Sie haben keine Kinder. Jeder von ihnen möchte den anderen Partner gut absichern. Mehr wollen sie im Moment nicht regeln. Vielleicht sind Heiraten und gemeinsame Kinder später einmal ein Thema, aber im Moment geht es nur um die Frage der gegenseitigen Absicherung

Da Frau Engmann und Herr Fischer nicht miteinander verheiratet sind, würde im Todesfall keiner vom anderen etwas erben. Sie sind nicht miteinander verwandt und nicht miteinander verheiratet, sodass es kein gesetzliches Erbrecht für den anderen Partner gibt. Ohne Testament würden die gesetzlichen Erben des jeweils Verstorbenen das gesamte Vermögen erhalten. In diesem Falle wären das entweder die Eltern oder, wenn die Eltern nicht mehr leben, Geschwister bzw. Neffen und Nichten des Verstorbenen.

Frau Engmann und Herr Fischer müssen als Paar in Lebensgemeinschaft in Kauf nehmen, dass der überlebende Partner im Erbfall sehr hohe Erbschaftssteuern zahlen muss. Der jeweils andere Partner ist in der Steuerklasse III und hat damit lediglich einen Steuerfreibetrag in Höhe von 20.000 Euro. Dieses Problem nehmen Frau Engmann und Herr Fischer ganz bewusst in Kauf. Vielleicht entscheiden sie sich später doch für eine Eheschließung. Dann wäre der Ehepartner in der günstigen Steuerklasse I und hätte einen Steuerfreibetrag in Höhe von 500.000 Euro.

Da Frau Engmann und Herr Fischer nicht miteinander verheiratet sind, können sie auch kein Ehegattentestament verfassen. Das bedeutet, dass je-

der von ihnen ein einzelnes Testament abfassen muss, das jeweils von Anfang bis Ende mit Hand geschrieben und vom Betreffenden unterzeichnet
wird.

## Möglichkeit 1: zwei einzelne Testamente

Die beiden Testamente könnten folgendermaßen aussehen:

---

### Testamentsentwurf

Hiermit lege ich, Beate Engmann, geb. am 17.09.1982, wohnhaft ..., meinen
letzten Willen wie folgt fest:

Zu meinem alleinigen Erben bestimme ich meinen Lebensgefährten, Herrn
Bernd Fischer, geb. am 13.08.1979, wohnhaft ...

Ort, den ...                                Unterschrift

---

### Testamentsentwurf

Hiermit lege ich Bernd Fischer, geb. am 13.08.1979, wohnhaft ..., meinen letzten Willen wie folgt fest:

Zu meinem alleinigen Erben bestimme ich meine Lebensgefährtin Beate Engmann, geb. 17.09.1982, wohnhaft ...

Ort, den ...                                Unterschrift

---

## Möglichkeit 2: Erbvertrag

Haben Frau Engmann und Herr Fischer jeweils getrennte Testamente verfasst, könnte es sein, dass einer von beiden in aller Heimlichkeit sein Testament vernichtet. Es wäre auch denkbar, dass einer von beiden mit einem
neuen Testament dieses alte Testament widerruft und eine völlig andere
Person zu seinem Erben bestimmt. Das wäre eine unangenehme Überraschung für den Überlebenden der beiden. Hätte der bereits früher erfahren,
dass der Partner ihm nicht mehr zum Alleinerben bestimmt, hätte er sich
mit seiner eigenen Verfügung und seinem Verhalten darauf eingestellt.

Wenn Frau Engmann und Herr Fischer ganz sicher gehen wollen, dass es keine derartigen bösen Überraschungen geben kann, empfiehlt es sich, einen Erbvertrag abzuschließen. Das ist ein Vertrag, der unbedingt vor einem Notar abgeschlossen werden muss. Es ist nicht möglich, einen Erbvertrag privatschriftlich abzuschließen. In einem solchen Vertrag setzen sich beide Partner gegenseitig zum Alleinerben ein. Selbstverständlich müssen sie auch die Möglichkeit haben, von diesem Vertrag zurückzutreten, falls ihre Beziehung auseinander geht. In diesem Fall muss der andere Partner aber zwingend davon informiert werden, dass der Erbvertrag aufgehoben werden soll. Heimlichkeiten kann es damit nicht geben.

Ein solcher Erbvertrag könnte beispielsweise folgenden Wortlaut haben:

---

### Entwurf Erbvertrag

(nicht privatschriftlich, muss von einem Notar beurkundet werden)

Verhandelt am ... in ...

Vor Notar ... erschienen

1. Frau Beate Engmann, geb. am 17.09.1982, wohnhaft ...
   ausgewiesen durch amtlichen Personalausweis ...

2. Herr Bernd Fischer, geb. am 13.08.1979, wohnhaft ...
   ausgewiesen durch amtlichen Personalausweis ...

In der mit den Erschienenen zu 1. und 2. geführten Unterhaltung habe ich, der Notar ..., mich von der vollen Geschäfts- und Testierfähigkeit der Erschienenen zu 1. und 2. überzeugt.

Die Erschienenen erklärten, einen Erbvertrag errichten zu wollen, und ersuchten um Beurkundung. Die Erklärungen der Erschienenen zu 1. und 2. werden wie folgt beurkundet:

1. Vorbemerkungen

Wir, die Erschienenen zu 1. und 2., sind nicht verheiratet und haben beide keine Kinder. In der freien Verfügung über unseren Nachlass sind wir beide jeweils nicht beschränkt. Vorsorglich widerrufen wir alle bisher errichteten Verfügungen von Todes wegen. Wir sind beide deutsche Staatsangehörige.

2. Wir setzen uns gegenseitig zu alleinigen, ausschließlichen Erben ein.

3. Diese Verfügungen treffen wir in erbvertraglich bindender Weise. Sie sollen nicht abänderbar sein.

4. Wir, die Erschienenen zu 1. und 2., behalten uns jedoch beide das Recht vor, von diesem Erbvertrag durch einseitige Erklärung zurückzutreten. Uns ist bekannt, dass der Rücktritt von diesem Erbvertrag zu Lebzeiten des anderen Vertragspartners nur durch eine notariell beurkundete Erklärung erfolgen kann, die dem anderen Vertragsteil in Ausfertigung nach den Vorschriften der Zivilprozessordnung zuzustellen ist, und zwar unter Ausschluss aller Ersatzzustellungen.

5. Diese Verfügungen werden von uns gegenseitig angenommen.

Die Kosten dieser Urkunde und ihrer amtlichen Verwahrung tragen wir, die Beteiligten zu Ziff. 1. und 2., je zur Hälfte.

Vom Notar vorgelesen, von den Beteiligten genehmigt und eigenhändig unterschrieben.

..............................................          ..............................................

(Beate Engmann)                              (Bernd Fischer)

# Vormundschaft für minderjährige Kinder

 **VERHEIRATET, MINDERJÄHRIGES KIND**

Herr und Frau Grahl aus Pösneck sind im gesetzlichen Güterstand (Zugewinngemeinschaft) miteinander verheiratet und haben ein gemeinsames Kind, Lisa Grahl. Sie haben ein mittleres Vermögen und möchten sich gegenseitig mit einem Berliner Testament zum Erben einsetzen. Schlusserbe soll die Tochter Lisa werden.

Dieses Berliner Testament stellt für das Ehepaar Grahl kein Problem dar. Sie machen sich aber Sorgen darüber, was mit der 5-jährigen Lisa wird, wenn beiden gleichzeitig oder kurz hintereinander etwas passiert. Lisa ist minderjährig. Wer soll sich um Lisa kümmern und wo soll Lisa wohnen, falls den Eltern beispielsweise durch einen Unfall etwas passiert und sie beide versterben sollten? Die Eheleute Grahl haben sich über dieses Problem mit Frau Grahls Schwester und deren Mann unterhalten. Für diese beiden war sofort klar, dass sie die kleine Lisa zu sich nehmen würden, wenn den Eltern etwas passiert. Beide Familien halten ohnehin einen sehr engen familiären Kontakt. Lisa fühlt sich im Haus ihrer Tante sehr wohl, zumal sie dort oft mit ihrem ein Jahr jüngeren Cousin spielt.

Die Eheleute Grahl sollten ein normales Berliner Testament verfassen. Wollen sie aber eine Regelung darüber treffen, wo Lisa später wohnt, wer sich um sie kümmern darf und wer die Verantwortung für das Kind trägt, müssen sie einen Vormund benennen. Dazu können sie einen Zusatz im Berliner Testament anfügen, der genau die Person benennt, die Vormund von Lisa werden soll. Mit der vorgesehenen Person sollten sie unbedingt vorher darüber sprechen. Der im Testament vorgesehene Vormund könnte dieses Amt ablehnen. Keine Person kann gezwungen werden, eine Vormundschaft zu übernehmen.

Es empfiehlt sich, dass die Eltern eine kurze Begründung dafür anfügen, warum sie der Auffassung sind, dass diese Lösung für Lisa die beste ist. Das Vormundschaftsgericht hat auch bei der Benennung eines Vormundes noch ein Prüfungsrecht, ob der genannte Vormund tatsächlich geeignet ist, dieses Amt zu übernehmen. Wenn es keine schwerwiegenden Gründe gibt, die dagegen sprechen, folgt das Vormundschaftsgericht im Normalfall den Anweisungen der Eltern. Das Testament der Eheleute Grahl könnte damit folgendermaßen aussehen:

---

**Testamentsentwurf**

Wir, die Eheleute Anita Grahl, geb. Schmiedel, geb. am 12.04.1980, wohnhaft ..., und Uwe Grahl, geb. am 22.05.1978, wohnhaft ebenda, legen hiermit unseren gemeinsamen letzten Willen wie folgt fest:

Wir setzen uns gegenseitig zu Alleinerben ein.

Zu Schlusserben nach dem Tode des Zuletztversterbenden von uns bzw. zu Erben für den Fall unseres gleichzeitigen Ablebens bestimmen wir unsere Tochter Lisa Grahl, geb. am 24.02.1999, wohnhaft ebenda.

Der überlebende Ehegatte ist berechtigt, von diesem Testament abweichende letztwillige Verfügungen zu treffen und neu zu testieren.

Für den Fall, dass wir beide zu einem Zeitpunkt weggefallen sein sollten, an dem unsere Tochter Lisa noch minderjährig ist, bestimmen wir Frau Juliane Schmiedel, geb. am 06.03.1977, wohnhaft ..., zum Vormund für Lisa. Wir sind der Auffassung, dass das die beste Lösung für unsere Tochter Lisa ist. Frau Juliane Schmiedel ist die Tante von Lisa. Sie haben ein enges und herzliches Verhältnis zueinander. Lisa versteht sich sehr gut mit dem Sohn von Frau Juliane Schmiedel, der ihr Spielgefährte ist. Frau Juliane Schmiedel hat sich bereit erklärt, im Bedarfsfall diese Verpflichtung zu übernehmen.

Ort, den ...............................

...............................                                    ...............................

(Anita Grahl)                                                    (Uwe Grahl)

# Gegenseitiges Nießbrauchsvermächtnis

 **EHEPARTNER JEWEILS MIT KINDERN AUS ERSTER EHE**

Die Eheleute Otremba aus Zeulenroda sind beide miteinander in jeweils zweiter Ehe im gesetzlichen Güterstand (Zugewinngemeinschaft) verheiratet. Die beiden ersten Ehen wurden geschieden. Jeder Ehepartner hat aus der geschiedenen ersten Ehe ein Kind, zu dem jeweils eine gute Beziehung besteht. Frau Otremba hat die Tochter Kerstin und Herr Otremba den Sohn Udo. Beide Ehepartner wollen sich gegenseitig absichern. Gleichzeitig wollen sie aber sicher gehen, dass jeder von beiden seinem Kind am Ende sein Vermögen hinterlässt. Grundsätzlich vertrauen sich die Eheleute Otremba. Sie möchten allerdings verhindern, dass der überlebende Ehegatte nochmals frei alle diese Festlegungen abändern darf.

Nach der gesetzlichen Erbfolge würden der überlebende Ehegatte und das Kind des Verstorbenen jeweils zur Hälfte erben, wenn einer der Eheleute Otremba verstirbt. Die Eheleute Otremba wollen einerseits, dass der überlebende Ehegatte gut abgesichert ist und den Nachlass zur vollen Verfügung hat. Andererseits wollen sie aber auch gewährleisten, dass am Ende das Kind des Verstorbenen einmal das Vermögen des Verstorbenen erhält. Für derartige Gestaltungen bietet sich das gegenseitige Nießbrauchstestament an.

Dabei wird durch eine Erbeinsetzung das Kind des Verstorbenen bereits unmittelbar zum Erben eingesetzt. Der überlebende Ehegatte erhält einen Nießbrauch am gesamten Nachlass des Zuerstversterbenden.

Dieses Nießbrauchsrecht umfasst das Recht, alle Gegenstände der Erbschaft in Besitz zu nehmen, zu verwalten, zu bewirtschaften und die Nutzungen daraus zu ziehen. Der Erbe – das Kind des verstorbenen Partners – muss diese Nutzung dulden. Auf die Substanz der Erbschaft darf sich ein solcher Nießbrauch nicht auswirken. Vom Geld dürfen damit nur die entstehenden Zinsen verbraucht werden. Gehört ein Haus zum Nachlass, darf der Nießbrauchsberechtigte darin wohnen. Im Gegenzug dazu muss er bei einem Haus die gewöhnlichen Unterhaltungsaufwendungen zur Erhaltung der Substanz des Hauses leisten. Die Stellung des Nießbrauchers ist ähnlich der eines Vorerben, aber etwas schwächer ausgestaltet. Für eine Reihe von Gestaltungen ist das Nießbrauchsvermächtnis jedoch ein geeignetes Instrument.

Es ist nicht auszuschließen, dass bei Familie Otremba später ein gemeinsames Kind hinzukommt. Aus diesem Grunde geht das Testament nicht namentlich von den beiden jetzt schon vorhandenen Kindern aus, sondern spricht allgemein von Abkömmlingen.

Bei der jetzigen Familienkonstellation könnte es durchaus Streit zwischen dem Kind des Zuerstversterbenden und dem überlebenden Ehegatten geben. Die Eheleute Otremba wollen solchen Streit vermeiden. Dazu empfiehlt es sich, dass der überlebende Ehegatte, der das Nießbrauchsvermächtnis erhält, zugleich Testamentsvollstrecker wird. Damit kann er den Nachlass selbst verwalten und ist nicht der Willkür des Kindes ausgesetzt. Das Amt des Testamentsvollstreckers gibt dem überlebenden Ehegatten eine größere Machtposition. Darüber hinaus wird die Teilung des Erbes untersagt, falls mehrere Kinder des Verstorbenen vorhanden sind. Käme später ein gemeinsames Kind der Eheleute Otremba hinzu, würden sich zwei Erben das Erbe teilen. Streiten sich diese Erben und wollen das mit dem Nießbrauch belastete Erbe teilen, wirkt sich dieser Streit negativ auf die Lebensqualität des überlebenden Ehegatten aus.

§ 181 BGB regelt, dass eine Person dann nicht in Vollmacht bzw. Vertretung für eine andere Person handeln darf, wenn sie in eigener Angelegenheit betroffen ist bzw. wenn sie für mehrere Personen zugleich handeln soll. Dieses gesetzliche Verbot wäre für den überlebenden Ehegatten ein Hemmnis, wenn er Testamentsvollstrecker wird. Es ist davon auszugehen, dass er in fast allen Angelegenheiten in eigener Person betroffen ist und zugleich als Testamentsvollstrecker handeln muss. Das wäre beispielsweise schon dann gegeben, wenn die Eheleute ein gemeinschaftliches Konto hatten. Dann wäre der überlebende Ehegatte zugleich Kontomitinhaber und müsste dennoch als Testamentsvollstrecker handeln. Daher ist es sinnvoll, dass der überlebende Ehegatte als Testamentsvollstrecker von diesen Beschränkungen des § 181 BGB befreit wird.

Dieses Testament enthält keine Befreiung für den überlebenden Ehegatten, da die Eheleute Otremba nicht wünschen, dass der überlebende Ehegatte ein neues Testament schreiben und von diesen Verfügungen abweichen darf.

Das Testament der Eheleute Otremba könnte beispielsweise folgenden Inhalt haben:

---

### Testamentsentwurf

Wir, die Eheleute Friedrich Otremba, geb. am 03.01.1968, wohnhaft ..., und Yvonne Otremba, geb. Fischer, geb. 04.11.1970, wohnhaft ebenda, legen hiermit unseren gemeinsamen letzten Willen wie folgt fest:

Jeder von uns setzt die zum Zeitpunkt seines Todes vorhandenen Abkömmlinge zu seinen Erben ein, untereinander jeweils nach den gesetzlichen Erbregeln 1. Ordnung.

Der Zuerstversterbende von uns setzt dem überlebenden Ehegatten den lebzeitigen Nießbrauch an seinem gesamten Nachlass als Vermächtnis aus. Die Auseinandersetzung des Nachlasses kann gegen den Willen des überlebenden

Ehegatten nicht verlangt werden, auch dann nicht, wenn ein Erbe verstirbt. Der Zuerstversterbende von uns ernennt hiermit den Überlebenden zum Testamentsvollstrecker. Aufgabe des Testamentsvollstreckers ist es, sich selbst den Nießbrauch am Nachlass zu verschaffen und den Nachlass zu verwalten. Der Testamentsvollstrecker wird von den Beschränkungen des § 181 BGB befreit.

Ort, den ........................

..................................        ..................................

(Friedrich Otremba)        (Yvonne Otremba)

# Auseinandersetzungsverbot

**WITWER MIT VOLLJÄHRIGEN KINDERN, BESITZ EINES MIETHAUSES**

Herr Theodor Johne ist verwitwet und hat drei volljährige Kinder. Mit seiner vorverstorbenen Ehefrau hatte er kein Testament verfasst, welches ihn jetzt daran hindern würde, ein neues Testament zu verfassen. Ihm gehört ein großes Miethaus, das er gern für kommende Generationen in seiner Familie erhalten möchte. Seine drei Kinder verstehen sich sehr gut. Herr Johne macht sich aber dennoch Sorgen, dass die Kinder untereinander Streit haben könnten. Er möchte auf keinen Fall, dass im Zuge solcher Streitigkeiten das Haus verkauft wird und die Erben sich das Geld teilen.

Nach der gesetzlichen Erbfolge würden die drei Kinder des Herrn Johne jeweils ein Drittel erhalten. Sollte einer der Söhne mit oder vor Herrn Johne versterben, sollen jeweils die Enkel Ersatzerben werden. Ein Testament ist deshalb erforderlich, weil Herr Johne ein Auseinandersetzungsverbot regeln möchte.

Herr Johne möchte sein Teilungsverbot für das Grundstück nicht nur als unverbindliche Bitte formulieren. Es ist allerdings nicht ratsam, den Erben für immer die Teilung des Nachlasses zu verbieten. Wenn sich Herr Johne tatsächlich zu einem Teilungsverbot entschließt, sollte er dieses Verbot auf eine bestimmte Zeit von Jahren begrenzen. Das kann beispielsweise dann erforderlich sein, wenn eines der Kinder von Herrn Johne zwar volljährig, aber noch sehr jung oder geschäftlich unerfahren ist bzw. sich vielleicht in der Ausbildung befindet.

Herr Johne sollte sich zu einem „milden Teilungsverbot" entschließen. Das bedeutet, dass sich die Erben über dieses Teilungsverbot dann hinwegsetzen können, wenn sich alle drei darüber einig sind, dass sie das tun sollten. Der jüngste und möglicherweise geschäftlich noch unerfahrenste Erbe kann auf der Einhaltung des Teilungsverbots bestehen, wenn er sich unsicher ist. Sind sich jedoch alle drei Kinder darüber einig, können sie gegen Herrn Johnes Willen das Grundstück verkaufen. Möglicherweise ist es in der konkreten wirtschaftlichen Situation sinnvoll, sich über das Teilungsverbot hinwegzusetzen. Möglich wäre eine Lösung, wonach die drei Kinder gemeinsam das Grundstück verkaufen oder aufteilen. Bei einer solchen Aufteilung kann einer der Erben das Grundstück übernehmen und die anderen Miterben auszahlen.

Damit könnten sich zwar die drei Söhne von Herrn Johne über dessen letzten Willen hinwegsetzen. In diesem konkreten Einzelfall kommt es jedoch darauf an, einen der Miterben vor einer Übervorteilung durch die anderen zu schützen. Denkbar wäre es auch, dieses Teilungsverbot als sogenanntes „strenges Teilungsverbot" zu gestalten, bei dem die Miterben nicht davon abweichen können. Ein „strenges Teilungsverbot" sollte durch Testamentsvollstreckung überwacht und gesichert werden. Es ist jedoch fraglich, ob das aus wirtschaftlichen Gründen Sinn macht. Herr Johne sollte nicht versuchen, eine zu lange Zeit „aus dem Grabe heraus zu regieren". Sein Testament könnte beispielsweise so aussehen:

---

### Testamentsentwurf

Hiermit lege ich, Theodor Johne, geb. am 16.09.1958, wohnhaft ..., meinen letzten Willen wie folgt fest:

Zu meinen Erben bestimme ich meine drei Söhne, Carsten Johne, geb. am 16.12.1981, wohnhaft ..., Peter Johne, geb. am 03.10.1983, wohnhaft ..., und Günther Johne, geb. am 12.06.1985, wohnhaft ..., zu jeweils 1/3 Anteil. Sollte einer meiner Söhne diese Erbschaft nicht antreten können, sind Ersatzerben jeweils die Abkömmlinge dieses Kindes, untereinander nach den gesetzlichen

Erbregeln 1. Ordnung.

Hinsichtlich des zu meinem Nachlass gehörenden Miethauses, Postanschrift ..., *(Grundbuchangaben)*, schließe ich die Auseinandersetzung aus, bis der jüngste der Miterben das 27. Lebensjahr vollendet hat.

Ort, den ...                              Unterschrift

# Ehegattentestament als „Behelfstestament"

Ehepaar, ein gemeinsames Kind, Kinder aus früheren Ehen, ein außereheliches Kind:

**WER SOLL DAS RESTLICHE VERMÖGEN ERBEN?**

Die Eheleute Horn sind noch nicht lange miteinander im gesetzlichen Güterstand (Zugewinngemeinschaft) verheiratet. Für Frau Horn ist es die zweite Ehe. Aus der ersten geschiedenen Ehe hat sie zwei Kinder. Herr Horn ist zum dritten Mal verheiratet. Er hat aus den ersten beiden geschiedenen Ehen jeweils ein Kind. Darüber hinaus hat er ein außereheliches Kind. Außerdem gibt es noch ein gemeinsames Kind der Eheleute Horn.

Beide wissen zwar, dass sie sich gegenseitig so gut es irgendwie geht absichern wollen. Sie sind sich allerdings noch nicht einig darüber, wer am Ende, wenn beide Ehegatten verstorben sind, das restliche Vermögen erben soll. Obwohl die Eheleute Horn sich schon mehrfach über dieses Thema unterhalten haben, dreht sich das Gespräch im Kreis und sie können keine Lösung finden. Wie beide festgestellt haben, benötigen sie noch mehr Zeit zum Nachdenken, um sich Gewissheit darüber zu verschaffen, wer letzten Endes erben soll.

Bis Familie Horn einvernehmlich geklärt hat, wer am Ende erben soll, kann durchaus noch viel Zeit vergehen. Es ist möglich, dass die beiden sich erst in drei oder fünf Jahren endgültig darauf verständigen können, welche Person bzw. Personen und zu welchen Anteilen Schlusserben werden sollen. Haben beide für diese Zwischenzeit kein Testament verfasst und ist nichts geregelt, kann das eine gefährliche Zeit sein. Diese Zeitspanne, die zum Überlegen benötigt wird, sollten sie überbrücken. Beide wollen zumindest testamentarisch regeln, dass sie sich gegenseitig absichern, falls einer von beiden verstirbt. Was kann Familie Horn hier regeln, um zunächst bis zum Abschluss der Überlegungen für die Schlusserbfolge sicher zu sein?

Wenn Familie Horn nichts regelt, tritt die gesetzliche Erbfolge ein. Wenn einer der Eheleute Horn verstirbt, erbt der andere Partner zur Hälfte. Die andere Hälfte geht zu gleichen Teilen an die jeweiligen leiblichen Kinder des Verstorbenen.

Verstirbt Frau Horn als erste vor ihrem Mann, erbt dieser zur Hälfte. Die beiden Kinder aus der ersten geschiedenen Ehe von Frau Horn und das gemeinsame Kind mit ihrem Ehemann teilen sich den Rest, sodass jedes Kind ein Sechstel erhält.

Verstirbt Herr Horn vor seiner Frau, erbt diese zur Hälfte. Herr Horn hat insgesamt vier Kinder. Aus den beiden geschiedenen Ehen stammt jeweils ein Kind. Außerdem existieren ein außereheliches Kind und ein gemeinsames mit seiner jetzigen Ehefrau. Diese vier Kinder würden jeweils ein Achtel Erbanteil erhalten.

Beide sind sich darüber einig, dass diese gesetzliche Erbfolge vermieden werden soll. Es ist der feste Wunsch von beiden Ehepartnern, dass sie sich gegenseitig bestmöglich absichern. Sie haben zwar noch keine konkreten Vorstellungen über die Schlusserbfolge, aber zumindest sind sich beide sicher, dass jeder den anderen zunächst zum Alleinerben machen möchte. Ist nichts geregelt und kein Testament verfasst, erbt der überlebende Ehegatte jeweils nur die Hälfte des Nachlasses des verstorbenen Ehegatten.

In derartigen Fällen bietet es sich an, behelfsmäßig ein kurzes Testament zu verfassen, in dem sich die Eheleute gegenseitig zum Erben einsetzen. Verstirbt einer von beiden, ist damit zumindest gewährleistet, dass der andere Ehegatte Alleinerbe wird. Der überlebende Ehegatte kann dann später ein Testament verfassen, in dem die Schlusserbfolge abschließend geregelt wird. Die Pflichtteilsansprüche der Kinder des Verstorbenen bleiben unabhängig davon bestehen. Die jeweils enterbten Kinder könnten Pflichtteilsansprüche geltend machen. Diese möglichen Pflichtteilsansprüche sind das kleinere Übel. Weitaus nachteiliger wäre es, wenn die Kinder unmittelbar erbten, da der Erbteil jeweils den doppelten Wert des Pflichtteilsanspruchs hätte.

Es wäre schön, wenn Familie Horn sich sehr bald darüber verständigen könnte, wer Schlusserbe wird. Ist das aber aus irgendwelchen Gründen nicht möglich, ist das „Behelfstestament" zumindest ein Weg, wie sich die Eheleute gegenseitig absichern können. Bei der gesetzlichen Erbfolge würde eine Erbengemeinschaft zwischen dem überlebenden Ehegatten und den Kindern des Verstorbenen entstehen, was bei dieser Familienkonstellation sehr unerfreulich werden kann. Ist zumindest behelfsmäßig ein Testament verfasst, kann Familie Horn in aller Ruhe und ohne Zeitdruck beraten, wie die Schlusserbfolge geregelt wird, und dann zu einem späteren Zeitpunkt gegebenenfalls ein neues Testament verfassen. Ein solches Behelfstestament ist eine kleine Mühe. Es kann im Ernstfall den überlebenden Ehegatten schützen. Bis zu einer endgültigen Regelung könnte dieses behelfsmäßige Testament folgendermaßen aussehen:

---

### Testamentsentwurf

Wir, die Eheleute Marlies Horn, geb. am 16.01.1969, wohnhaft in ..., und Bernhard Horn, geb. am 01.04.1967, wohnhaft ebenda, legen hiermit unseren gemeinsamen letzten Willen wie folgt fest:

Wir setzen uns gegenseitig zum Alleinerben ein.

Ort, den ...

.......................................                    .......................................

(Marlies Horn)                                            (Bernhard Horn)

# Widerrufstestament

 **IM ZORN ENTERBT**

Frau Hellwig aus Münster ist alleinstehend. Sie hat zwei volljährige Kinder, die Tochter Ulrike und den Sohn Torsten. Vor einigen Jahren hatte sie Streit mit ihrer Tochter Ulrike. Es gab eine Reihe von Missverständnissen und Auseinandersetzungen. Mutter und Tochter hatten sich so schlimm zerstritten, dass Frau Hellwig ihre Tochter im Testament enterbt hat. Sie hat in einem handschriftlichen Testament verfügt, dass bei ihrem Ableben ihr Sohn Torsten Alleinerbe wird.

Glücklicherweise war es beim letzten Weihnachtsfest zu einer Versöhnung zwischen Frau Hellwig und ihrer Tochter Ulrike gekommen. Beide haben sich ausgesprochen und die alten Streitigkeiten beigelegt. Aus diesem Grunde hat sich Frau Hellwig dazu entschlossen, das alte Testament zu vernichten, welches sie ihrem Sohn Torsten zur Aufbewahrung gegeben hatte. Jetzt weigert sich Torsten, das alte handschriftliche Testament herauszugeben. Mal sagt er, er könne das Testament nicht mehr finden, ein anderes Mal sagt er, er habe das Testament sowieso schon zerrissen, weil Frau Hellwig ihm gesagt hat, dass sie es nicht mehr wolle. Frau Hellwig möchte sicher gehen, dass dieses Testament jetzt wirklich keine Wirkung mehr hat. Sie möchte, dass ganz normal die gesetzliche Erbfolge eintritt und beide Kinder jeweils zur Hälfte erben. Sie hat die Befürchtung, dass ihr Sohn Torsten zwar jetzt sagt, das alte Testament existiere nicht mehr. Wenn sie aber verstorben ist, wäre es durchaus möglich, dass er es dann wieder hervorholt und sagt, er sei jetzt Alleinerbe.

Nach der gesetzlichen Erbfolge würden beide Kinder sich die Erbschaft je zur Hälfte aufteilen. Diesen Zustand möchte Frau Hellwig wiederherstellen. Dazu muss das alte handschriftliche Testament, welches Torsten zum Alleinerben bestimmt, aufgehoben werden. Es ist nicht unbedingt erforderlich, dass das alte Testament auftaucht und dass Frau Hellwig dieses Testament persönlich zerreißt. Frau Hellwig sollte in einem Widerrufstestament keine neue Erbeinsetzung vornehmen, sondern lediglich verfügen, dass alle anderen früheren Testamente aufgehoben werden.

Für den Widerruf eines Testaments ist es gleichgültig, ob die alte ungültig gemachte Testamentsurkunde körperlich noch existiert oder ob sie bereits vollständig vernichtet wurde. Weigert sich Sohn Torsten, das Testament herauszugeben, oder ist es unklar, ob es überhaupt noch existiert, kann Frau Hellwig mit wenig Mühe einen Widerruf früherer Testamente verfügen.

Um sicher zu gehen, dass dieses Widerrufstestament in diesem konkreten Fall tatsächlich gefunden wird, sollte Frau Hellwig Vorkehrungen treffen. Jede Person, die nach Ableben eines Erblassers ein Testament findet, ist verpflichtet, dieses beim Nachlassgericht abzuliefern. Was wäre aber, wenn Sohn Torsten das alte Testament noch in Besitz hat und das Widerrufstestament nach dem Tod seiner Mutter heimlich vernichtet? Dann wäre die Mühe vergeblich gewesen. Deshalb ist es empfehlenswert, dass Frau Hellwig dieses Widerrufstestament beim Nachlassgericht ihres Wohnortes in die amtliche Verwahrung gibt. Sie könnte es allerdings auch ihrer Tochter Ulrike aushändigen, die einen Vorteil davon hat, dass das alte Testament für ungültig erklärt wird.

Diesen Inhalt könnte das Widerrufstestament von Frau Hellwig haben:

---

### Testamentsentwurf

Hiermit widerrufe ich, Inge Hellwig, geb. am 03.02.1940, wohnhaft ..., alle Verfügungen von Todes wegen, die ich bisher errichtet habe, insbesondere mein handschriftliches Testament vom 19.08.2000, welches ich meinem Sohn Torsten Hellwig ausgehändigt hatte.

Ort, den ...

.....................................

(Inge Hellwig)

---

# Stiftung von Todes wegen

 **ALLEINSTEHEND, GROßES VERMÖGEN**

Herr Oswald Heinze aus Ulm ist nicht verheiratet, hat keine Kinder und auch sonst keine näheren Angehörigen. Er hat zwar etliche gute Freunde und Bekannte. Diese möchte er allerdings nicht zu Erben einsetzen. Alle diese Personen sind ebenso wie er bereits im vorgerückten Alter und leben in finanziell gesicherten Verhältnissen. Er möchte nicht, dass nach seinem Tode sein großes Vermögen zerfällt und an weitläufige, entfernte gesetzliche Erben geht. Er ist fest dazu entschlossen, dass mit seinem Geld etwas Gutes und Nützliches für die Allgemeinheit getan werden soll. Aus diesem Grund hat er überlegt, eine gemeinnützige Stiftung zu gründen, die sich mit der Förderung musikalisch begabter Kinder befasst.

Über dieses Problem hat sich Herr Heinze bereits mit einem jüngeren Bekannten unterhalten, zu dem er in Geldangelegenheiten absolutes Vertrauen hat. Da Herr Heinze selbst engagiert in einem Laienorchester spielt, hat er darüber hinaus zwei jüngere engagierte Musiker angesprochen, die sich ohnehin in ihrer Freizeit schon mit der Förderung musikalisch begabter Kinder befassen. Diese beiden Musiker sind von Herrn Heinzes Idee begeistert und bereit, in einer solchen Stiftung mitzuarbeiten.

Herr Heinze hat kurz überlegt, ob er diese Stiftung bereits zu Lebzeiten gründen solle, hat sich dann allerdings dafür entschieden, dass diese Stiftung erst nach seinem Tod gegründet werden soll.

Würde Herr Heinze kein Testament verfassen, würden die entfernten Verwandten, vermutlich Erben der dritten Ordnung, sein gesamtes Vermögen erben. Das sind wahrscheinlich eine Vielzahl von Personen, für die eine derartige Erbschaft nach einem so weit entfernten Verwandten eher ein freudiges Ereignis wäre. Es ist schön, dass sich Herr Heinze dazu entschlossen hat, sein Vermögen dem Gemeinwohl zu widmen.

Die Gründung einer selbstständigen Stiftung erfordert einigen Verwaltungsaufwand und lohnt sich nur bei einem größeren Vermögen. Da Herr Heinze ein großes Vermögen hat, ist gegen die Gründung einer selbstständigen Stiftung in diesem konkreten Fall nichts einzuwenden. Wäre das

Vermögen kleiner, wäre darüber nachzudenken, unter dem Dach einer bereits bestehenden Stiftung eine unselbstständige Stiftung zu gründen, die von der bereits bestehenden verwaltet wird. Das wäre eine einfachere und preiswertere Variante. Herr Heinze hat sich aber dafür entschieden, eine unabhängige und selbstständige Stiftung zu gründen, und ist bereit, den größeren Verwaltungsaufwand in Kauf zu nehmen.

Es ist schade, dass sich Herr Heinze nicht dazu entschließen konnte, diese Stiftung bereits zu seinen Lebzeiten zu gründen und sie zunächst mit geringeren finanziellen Mitteln auszustatten. Dann könnte er persönlich Einfluss auf alle Geschicke und organisatorischen Fragen der Stiftung nehmen und testen, ob die von ihm vorgesehenen Personen, die dann die Stiftung weiterführen sollen, auch tatsächlich für diese Aufgabe geeignet sind. Da Herr Heinze zu seinen Lebzeiten nichts von seinem Vermögen entbehren will, kann er die Stiftung auch von Todes wegen in seinem Testament gründen lassen.

Es ist wichtig, dass Herr Heinze einen guten Freund hat, der im jüngeren Alter ist und in Geldangelegenheiten sein Vertrauen genießt. Diese Person sollte Herr Heinze zum Testamentsvollstrecker bestimmten. Der Testamentsvollstrecker muss sich dann um alle Formalitäten zur Gründung der Stiftung kümmern. Eine ausführlich ausgeschriebene Satzung sollte dem Testament beigefügt werden.

Es ist durchaus möglich, dass eine selbstständige Stiftung nicht gegründet werden kann, weil von der nach Landesrecht zuständigen Stiftungsbehörde keine Zustimmung erteilt wird. Das wäre beispielsweise dann der Fall, wenn die Stiftung Zwecke verfolgt, die dem Gemeinwohl oder der Verfassung zuwider laufen. Vorsorglich sollte Herr Heinze für den Fall, dass die Zustimmung zur Gründung der Stiftung von Behördenseite aus irgendeinem Grund versagt wird, eine Ersatzvariante festlegen. Im Testament sollte er regeln, dass in diesem Falle eine andere, bereits bestehende Stiftung mit ähnlichem Stiftungszweck sein Vermögen erhält, damit über diesen Weg sein Ziel zur Förderung musikalisch begabter Kinder verfolgt werden kann.

Herr Heinze hat das Recht, den Namen seiner Stiftung festzulegen. Er ist nicht dazu verpflichtet, seinen eigenen Namen in der Gestaltung des Stiftungsnamens zu verwenden. Es spricht jedoch nichts dagegen, dies zu tun.

Damit kann sich Herr Heinze sozusagen ein Stück „Unsterblichkeit" sichern, denn von seiner Stiftung wird man noch viele Jahre nach seinem Tod sprechen.

Ein derartiges Testament sollte Herr Heinze nicht ohne eine juristische Beratung verfassen. Es könnte so aussehen:

---

### Testamentsentwurf

Hiermit lege ich, Oswald Heinze, geb. am 24.11.1937, wohnhaft ..., meinen letzten Willen wie folgt fest:

Zu meinem alleinigen Erben bestimme ich eine noch zu gründende selbstständige Stiftung des bürgerlichen Rechts (§§ 80 ff. BGB). Die Stiftung soll den Namen „Oswald-Heinze-Musikstiftung" tragen. Im Übrigen wird für das Stiftungsgeschäft Folgendes verfügt:

Die Stiftung hat ihren Sitz in Ulm. Der Stiftungszweck besteht in der Förderung der musikalischen Ausbildung und Erziehung musikalisch begabter Kinder und Jugendlicher.

Die Stiftung ist gemeinnützig.

Das Stiftungsvermögen umfasst den gesamten Nachlass.

Der Stiftungsvorstand besteht aus zwei Personen, und zwar Herrn Gerd Franke, geb. am 13.07.1971, und Frau Gabriele Rudloff, geb. 06.01.1973. Die Stiftung wird vertreten durch den Vorstand.

(An dieser Stelle kann Herr Heinze ganz konkrete Ausführungen dazu machen, wie aus seiner Sicht der Stiftungszweck erfüllt wird und welche Maßnahmen die Stiftung zu ergreifen hat. Es sollten auch Regelungen zur Beschlussfassung und Verwaltung der Stiftung erfolgen).

Zu meinem Testamentsvollstrecker bestimme ich Herrn Dr. Klaus Richter, wohnhaft ... Der Testamentsvollstrecker hat die Aufgabe, unmittelbar nach meinem Tod die Stiftung gemäß der beigefügten Satzung zu errichten, Genehmigungen und Erlaubnisse der zuständigen Behörde für dieses Stiftungsgeschäft einzuholen und die Vermögenszuwendung an die Stiftung vorzunehmen. Für den Fall, dass die Genehmigungsbehörde der Stiftungssatzung nicht zustimmt, darf der Testamentsvollstrecker die Satzung der Stiftung entsprechend den Anforderungen der Genehmigungsbehörde anpassen. Für den Fall, dass die Stiftung nicht gegründet werden kann, bestimme ich die „XY-Musikstiftung", geschäftsansässig ..., zu meinem alleinigen Erben.

Für den Fall, dass der von mir bestimmte Testamentsvollstrecker vor oder nach Annahme seines Amtes wegfallen sollte, bitte ich das für meinen Nachlass zuständige Nachlassgericht, einen geeigneten Ersatztestamentsvollstrecker zu bestimmen. Der jeweilige Testamentsvollstrecker erhält bei Übernahme seines Amtes eine einmalige Vergütung in Höhe von 3.000,-- Euro (in Worten: dreitausend).

Die Satzung der zu gründenden „Oswald-Heinze-Musikstiftung" füge ich in der Anlage bei.

Ort, den ...

..................................................

(Oswald Heinze)

## Abwandlung des Falles: Unselbstständige Stiftung

Wie wäre der Fall, wenn Herr Heinze keine selbstständige Stiftung gründen will, sondern eine unselbstständige? Vielleicht hat er sich bei der „XY-Musikstiftung" informiert und festgestellt, dass diese Stiftung hervorragende Arbeit leistet. Er hat bereits mit dem Geschäftsführer darüber gesprochen, ob unter dem Dach der „XY-Musikstiftung" die Gründung einer unselbstständigen Stiftung möglich wäre. Der Geschäftsführer und der Stiftungsvorstand der „XY-Musikstiftung" stehen der Sache aufgeschlossen gegenüber, sodass Herr Heinze folgendes Testament verfasst:

### Testamentsentwurf

Hiermit lege ich, Oswald Heinze, geb. am 24.11.1937, wohnhaft ..., meinen letzten Willen wie folgt fest:

Zu meiner alleinigen und unbeschränkten Erbin setze ich die „XY-Musikstiftung", geschäftsansässig ..., ein.

Der Erbin wird die Auflage erteilt, aus den Mitteln der Erbschaft, die nach Abzug der Nachlassverbindlichkeiten verbleiben, die gemeinnützige, unselbstständige „Oswald-Heinze-Musikstiftung" zu errichten und das Stiftungskapital
zu verwalten. Für die zu errichtende nicht rechtsfähige Stiftung soll die als
Anlage beigefügte Satzung gelten.

Für meinen Nachlass ordne ich Testamentsvollstreckung an. Der Testamentsvollstrecker hat die Errichtung der Stiftung zu überwachen und durchzusetzen
sowie die Vermögenszuwendung an die Stiftung sicherzustellen. Zu meinem
Testamentsvollstrecker bestimme ich Herrn Dr. Klaus Richter, wohnhaft ... Für
den Fall, dass der von mir bestimmte Testamentsvollstrecker vor oder nach
Annahme seines Amtes wegfallen sollte, bitte ich das für meinen Nachlass zuständige Nachlassgericht, einen geeigneten Ersatztestamentsvollstrecker zu
bestimmen. Der jeweilige Testamentsvollstrecker erhält bei Übernahme seines
Amtes eine einmalige Vergütung in Höhe von 3.000,00 Euro (in Worten: dreitausend).

Die Satzung der zu gründenden „Oswald-Heinze-Musikstiftung" füge ich in
der Anlage bei.

Ort, den ...

..............................................................

(Oswald Heinze)

## Abwandlung des Falles: Vermächtnis an eine bestehende Stiftung

Vielleicht war Herr Heinze bei dem Gespräch mit der „XY-Musikstiftung"
so von deren Arbeit begeistert, dass er festgestellt hat, dass diese Stiftung
voll und ganz seinen Zielen entspricht. Vielleicht ist er dabei auch zu der
Erkenntnis gekommen, dass es nicht nötig ist, überhaupt eine Stiftung zu
gründen. Er möchte der bereits bestehenden „XY-Musikstiftung" sein Vermögen hinterlassen. Die Stiftung soll die Mittel aus der Erbschaft speziell
für die Förderung musikalisch begabter Kinder ausgeben. Dann könnte
Herr Heinze sein Testament so gestalten:

---

**Testamentsentwurf**

Hiermit lege ich, Oswald Heinze, geb. am 24.11.1937, wohnhaft in ..., meinen letzten Willen wie folgt fest:

Zu meiner alleinigen und unbeschränkten Erbin setze ich die „XY-Musikstiftung", geschäftsansässig ..., ein.

Im Wege der Auflage bestimme ich, dass meine Alleinerbin, die „XY-Musikstiftung", die Mittel aus der Erbschaft zur Förderung musikalisch begabter Kinder und Jugendlicher zu verwenden hat.

Für meinen Nachlass ordne ich Testamentsvollstreckung an. Der Testamentsvollstrecker hat zu überwachen, dass meine Erbin die o. g. Auflage ordnungsgemäß erfüllt. Zu meinem Testamentsvollstrecker bestimme ich Herrn Dr. Klaus Richter, wohnhaft ... Für den Fall, dass der von mir bestimmte Testamentsvollstrecker vor oder nach Annahme seines Amtes wegfallen sollte, bitte ich das für meinen Nachlass zuständige Nachlassgericht, einen geeigneten Ersatztestamentsvollstrecker zu bestimmen. Der jeweilige Testamentsvollstrecker erhält bei Übernahme seines Amtes eine einmalige Vergütung in Höhe von 3.000,-- Euro (in Worten: dreitausend).

Ort, den ...

..................................................

(Oswald Heinze)

# Unternehmertestamente

Unter dem Sammelbegriff „Unternehmertestament" sind alle testamentarischen Regelungen zu verstehen, wenn sich ein Unternehmen im Nachlass befindet. Genau wie bei allen anderen Testamenten hängt die Ausgestaltung des Unternehmertestaments von der konkreten Familienkonstellation, der gesetzlichen Erbfolge und eventuellen Pflichtteilsrechten ab.

Jedes Testament muss auf die individuellen Familien- und Vermögensverhältnisse angepasst sein wie ein Maßanzug. Das gilt in ganz besonderem

Maße für das Unternehmertestament. Der Unternehmer sollte sein Testament nicht ohne juristische Hilfe verfassen und zusätzlich seinen Steuerberater konsultieren.

Beim Unternehmertestament ist zu beachten, dass steuerliche Gesichtspunkte hier mehr im Vordergrund stehen und gesellschaftsrechtliche Regelungen im Gesellschaftsvertrag beachtet werden müssen. Das Testament darf nicht regeln, was der Gesellschaftsvertrag nicht zulässt. Außerdem muss gewährleistet werden, dass der künftige Nachfolger für das Unternehmen von der Person her geeignet ist, das Unternehmen weiter zu führen. Wer das Unternehmen weiter führt, darf nicht mit zu großen Zahlungsansprüchen anderer Miterben oder Pflichtteilsberechtigter konfrontiert werden. Muss zu viel Geld für die Auszahlung an andere Personen aus dem Unternehmen genommen werden, kann das die Liquidität und damit die gesamte Existenz des Unternehmens gefährden.

Beim Unternehmertestament ist besonderes Augenmerk auf die Auswahl des jeweiligen Nachfolgers zu legen. Der vorgesehene Nachfolger muss beruflich und fachlich zur Übernahme der Firma bzw. des Unternehmens geeignet sein. Er sollte Interesse an der Übernahme der Firma zeigen und von seiner Gesamtpersönlichkeit her in der Lage sein, einen Betrieb zu führen. Ist kein geeigneter Nachfolger zu finden, kann es im Einzelfall günstiger sein, wenn die Erben den Betrieb verkaufen oder verpachten.

Nachfolgend werden konkrete Fälle von Unternehmertestamenten mit Lösungsvorschlägen vorgestellt. Diese sind nicht dogmatisch zu übernehmen. Sie entsprechen den Vorstellungen der jeweiligen Erblasser im Einzelfall.

## Alleingesellschafter einer GmbH

 **VERHEIRATET, EIN KIND**

Herr Dietmar Merkel ist Alleingesellschafter der Merkel-Metallbau-GmbH. Er ist im gesetzlichen Güterstand (Zugewinngemeinschaft) verheiratet und hat einen Sohn Olaf. Dieser Sohn ist glücklicherweise der ideale Unternehmensnachfolger. Er hat bereits im Betrieb seines Vaters gelernt und arbeitet jetzt mit seinem Vater gemeinsam in der Firma. Im sonstigen Privatvermögen ist Geld vorhanden. Außerdem hat Herr Merkel von seinem Vater bereits vor Jahren das Einfamilienhaus geerbt, welches Familie Merkel jetzt bewohnt. Der Gesellschaftsvertrag der GmbH enthält keinerlei Einschränkungen hinsichtlich der Erbfolge, sodass Herr Merkel hier frei verfügen kann. Seine Ehefrau hat kein Interesse an der Übernahme der Firma. Sollte Herr Merkel vor seiner Frau versterben, möchte er, dass sie finanziell abgesichert ist.

Nach der gesetzlichen Erbfolge würden Frau Merkel und der Sohn jeweils zur Hälfte erben.

In diesem Falle bietet es sich an, dass Herrn Merkel seinen Sohn zum Alleinerben bestimmt. Das bedeutet allerdings nicht, dass der Sohn alles behalten darf und Frau Merkel leer ausgeht. Frau Merkel wird zwar nicht Erbin. Sie erhält stattdessen als Vermächtnis das Wohnhaus, das gesamte Geld, den Pkw sowie den anteiligen Hausrat. Damit ist Frau Merkel vollständig finanziell abgesichert.

So könnte das Testament von Herrn Merkel aussehen:

---

**Testamentsentwurf**

Hiermit lege ich, Dietmar Merkel, geb. am 27.03.1951, wohnhaft ..., meinen letzten Willen wie folgt fest:

Für den Fall meines Ablebens bestimme ich meinen Sohn Olaf Merkel, geb. am 12.06.1976, wohnhaft ..., zu meinem Alleinerben.

Meine Ehefrau, Heidrun Merkel, geb. am 17.08.1951, erhält als sofort anfallendes Vermächtnis mein Grundstück in ... *(Postanschrift)*, eingetragen im Grundbuch ... *(Grundbuchangaben einsetzen)*. Darüber hinaus erhält sie alle meine privaten Gelder, unabhängig davon, ob bar vorhanden, auf Konten, Wertpapieranlagen, Aktiendepots oder ähnliche Geldanlagen. Zusätzlich erhält meine Frau meinen Pkw, pol. Kennzeichen DD-CT-1796, bzw. ein ersatzweise angeschafftes Fahrzeug und meinen Anteil am Hausrat im weitesten Sinne.

Ort, den ...

........................................

(Dietmar Merkel)

---

# Nachfolge in ein Einzelunternehmen

 **VERHEIRATET, EIN KIND, GRUNDBESITZ, GRÖßERES GELDVERMÖGEN**

Herr Kurth Eifel ist Friseurmeister und betreibt einen eigenen Friseursalon. Er ist im gesetzlichen Güterstand (Zugewinngemeinschaft) verheiratet und hat eine volljährige Tochter Christine Schütze, geborene Eifel, die ebenfalls bereits Friseurmeisterin ist. Gegenwärtig ist sie in einer anderen Stadt als Friseurin angestellt. Sie würde gern später das Friseurgeschäft ihres Vaters übernehmen. Frau Eifel ist Eigentümerin des Einfamilienhauses, in dem Familie Eifel wohnt. Beide Eheleute verfügen über ein größeres Geldvermögen. Vor einem Notar haben sie einen gegenseitigen Pflichtteilsverzichtsvertrag geschlossen. Herr Eifel möchte, dass seine Tochter im Fall seines Ablebens den Friseursalon weiterführen kann.

Nach der gesetzlichen Erbfolge würden die Tochter Christine und Frau Eifel jeweils zur Hälfte erben. Frau Eifel hat genügend eigenes Vermögen und ist nicht auf die Erbschaft nach ihrem Mann angewiesen. Die Eheleute Eifel haben ausführlich über die Vermögensnachfolge gesprochen und festgestellt, dass es nicht erforderlich ist, dass Frau Eifel im Falle des Ablebens von Herrn Eifel überhaupt etwas von ihm erbt. Sie ist mit ihrem eigenen Vermögen, zumal ihr das Haus gehört, finanziell ausreichend abgesichert. Da sich beide über diese Fragen einig waren, haben sie einen notariellen Pflichtteilsverzichtsvertrag abgeschlossen. Es ist völlig ausreichend, wenn Frau Eifel lediglich den anteiligen Hausrat von ihrem Mann erhält.

Der gegenseitige Pflichtteilsverzicht der Eheleute Eifel ist in diesem Fall von Vorteil. Hätte Frau Eifel später Streit mit ihrer Tochter Christine, könnte sie nach dem Tode ihres Mannes von der Tochter den Pflichtteil verlangen. Dabei spielt es keine Rolle, dass sich die Eheleute Eifel im Gespräch vorher darüber einig waren, dass Frau Eifel nichts außer dem Hausrat erhalten soll. Ist ein notarieller Pflichtteilsverzicht erklärt worden, kann Frau Eifel sich das später im Streitfall nicht mehr anders überlegen.

Frau Eifel kann im Hinblick auf ihr Vermögen ein eigenes Testament verfassen. Dessen Gestaltung soll hier nur kurz angedeutet werden. Für Herrn Eifel ist es nicht wichtig, dass er Eigentümer des Hauses wird, das seiner Ehefrau gehört. Für ihn ist es nur wichtig, dass er dort ungestört wohnen kann. Sie könnte beispielsweise die Tochter zur Alleinerbin einsetzen und ihrem Ehemann ein Vermächtnis hinsichtlich eines Wohnrechts am Einfamilienhaus und den Hausrat zuwenden.

Das Testament von Herrn Eifel könnte folgendermaßen gestaltet werden:

---

**Testamentsentwurf**

Hiermit lege ich, Kurt Eifel, geb. am 29.04.1949, wohnhaft ..., meinen letzten Willen wie folgt fest:

Ich bestimme meine Tochter, Christine Schütze, geb. Eifel, geb. am 20.12.1972, wohnhaft ... zu meiner alleinigen Erbin.

Meine Ehefrau, Angelika Eifel, geb. am 12.11.1951, erhält als sofort anfallendes Vermächtnis meinen Anteil am Hausrat im weitesten Sinne.

Ort, den ...

..............................................................

(Kurt Eifel)

---

## Freiberufler

**KEIN GEEIGNETER NACHFOLGER**

Frau Mildner ist verwitwet und hat zwei bereits volljährige Kinder, den Sohn Alexander und die Tochter Julia. Frau Mildner betreibt an ihrem Heimatort eine Apotheke. Zum großen Bedauern von Frau Mildner hat keines ihrer beiden Kinder Pharmazie studiert. Der Sohn Alexander ist Maschinenbau-Ingenieur, wohnt in der Nähe und ist geschäftlich erfahren. Die Tochter Julia ist Lehrerin und wohnt weit entfernt. Damit ist kein geeigneter Nachfolger für die Apotheke vorhanden, wenn Frau Mildner verstirbt. Nur ein Apotheker, der die entsprechende Zulassung für die Apotheke erhält, könnte die Apotheke weiterführen. Da beide Kinder in artfremden Berufen tätig sind, kann keines die Apotheke weiterführen. Was soll mit der Apotheke geschehen?

Es wird in diesem Falle keine andere Lösung bleiben, als die Apotheke zu verkaufen und das Geld unter den Erben aufzuteilen. Damit es keinen Streit zwischen den Kindern gibt, kann es sich anbieten, dass eines der Kinder Testamentsvollstrecker wird, das insgesamt für beide Erben die Apotheke verkauft. In diesem konkreten Fall hat sich Frau Mildner dafür entschieden, ihren Sohn Alexander zum Testamentsvollstrecker zu bestimmen. Aufgrund der räumlichen Nähe zur Apotheke und seiner geschäftlichen Erfahrungen ist er besser für dieses Amt geeignet als seine Schwester Julia.

Frau Mildner sollte daran denken, bereits zu ihren Lebzeiten ihrem Sohn Alexander zu erklären, welche Schritte im Falle ihres Todes im Hinblick auf die Apotheke zu veranlassen sind. Außerdem sollte sie mit ihm besprechen, wie die Apotheke zu verkaufen ist und wer ihn beim Verkauf möglicherweise unterstützen könnte.

So könnte Frau Mildner ihr Testament gestalten:

---

**Testamentsentwurf**

Hiermit lege ich, Beate Mildner, geb. am 28.06.1950, wohnhaft ..., meinen letzten Willen wie folgt fest:

Nach meinem Tode bestimme ich meine beiden Kinder Julia Schmidt, geborene Mildner, geb. am 9.4. 1978, wohnhaft ..., und Alexander Mildner, geb. am 15.7. 1980, wohnhaft ..., zu meinen Erben zu je 1/2 Anteil.

Für meinen Nachlass ordne ich Testamentsvollstreckung an. Der Testamentsvollstrecker hat die Aufgabe, die erforderlichen Maßnahmen für die vorläufige Weiterführung der Apotheke und deren Verkauf zu ergreifen.

Zum Testamentsvollstrecker bestimme ich meinen Sohn Alexander Mildner. Er hat keinen Anspruch auf eine Vergütung, aber Anspruch auf Ersatz seiner Auslagen.

Ort, den ...

..................................................

(Beate Mildner)

---

# Stichwortverzeichnis